SADLIER
Sacrament Program

THE SPIRIT SETS
US FREE

El Espíritu Santo nos Libera

**Preparando a los jóvenes
para la Confirmación**

Directora del proyecto
Linda Gaupin, C.D.P., Ph.D.

Colaboradora
JoAnn Paradise, D.Min.

Traducción y adaptación
Dulce M. Jiménez-Abreu

Asesores
Thelma Delgado
Rogelio Manrique
Fanny Pedraza

Coordinadora
Michaela Burke

Asistentes
Helen Hemmer, I.H.M.
Gloria Hutchinson

Vicepresidente Ejecutivo
Gerard F. Baumbach, Ed.D.

Directora de edición
Moya Gullage

Consultor teológico
Reverendísimo Edward K. Braxton, Ph.D., S.T.D.
Obispo Auxiliar de San Luis

Consultores
Rev. Msgr. John F. Barry
Rev. Virgil P. Elizondo, Ph.D., S.T.D.
Rev. James A. Field
Rev. James P. Moroney
Rev. J-Glenn Murray, S.J.
Maureen Sullivan, O.P., Ph.D.
Nicholas Wagner

William H. Sadlier, Inc.
9 Pine Street
New York, N Y   10005-1002

D1473389

Nihil Obstat
Sister Lucy Vazquez, O. P.
Censor Librorum

Imprimatur
✠ Most Reverend Norbert M. Dorsey, C. P.
Bishop of Orlando
November 12, 1999

The *Nihil Obstat* and *Imprimatur* are official declarations that a book or pamphlet is free of doctrinal or moral error. No implication is contained therein that those who have granted the *Nihil Obstat* and *Imprimatur* agree with the contents, opinions or statements expressed.

Printed in the United States of America.

S is a registered trademark of William H. Sadlier, Inc.

Home Office:
9 Pine Street
New York, NY 10005–1002

ISBN: 0-8215-4451-9
10/08 07

INDICE

CONTENTS

Renacido en el Bautismo

Que estos niños, iluminados por Cristo, caminen siempre como hijos de la luz.

Rito del Bautismo

Born Anew in Baptism

We believe in you, Lord Jesus Christ.
Fill our hearts with your radiance,
and make us children of light!

Song from Ancient Liturgy

~ ORACION INICIAL ~

Canción: *(Use la canción que será cantada en la Confirmación.)*

Guía: En el nombre del Padre, y del Hijo, y del Espíritu Santo.

R/. Amén.

Guía: Alabemos a Dios quien nos envía al Espíritu Santo para que more en nuestros corazones y quien nos favorece de formas maravillosas. Bendito sea Dios ahora y siempre.

R/. Amén.

Guía: Oremos para que seamos renovados por la gracia de nuestro Bautismo: *(Silencio)*

Todopoderoso y eterno Dios, en el Bautismo nos diste una nueva vida en el Espíritu.

En espíritu y poder, mantén a todos los que han renacido del agua y del Espíritu, tus hijos adoptivos, y haz que proclamemos siempre con nuestros labios la buena nueva de la salvación.

Renueva dentro de nosotros el poder de nuestro Bautismo y llénanos de celo por el evangelio. Fortalécenos para reconocer a Cristo, para que nosotros, que hemos nacido semejantes a él, podamos caminar la vía de la salvación iniciada en nuestro Bautismo.

Te lo pedimos por Cristo, nuestro Señor.

R/. Amén.

LITURGIA DE LA PALABRA

Lectura: Ezequiel 36:24–30

Salmo responsorial: *(Use el salmo que será cantado en la Confirmación.)*

Proclamación del evangelio: *(Use la proclamación que será cantada en la Confirmación.)*

Evangelio: Juan 3:1–6

Reflexión: *(explicación de la palabra de Dios de la lectura)*

❧ OPENING PRAYER ❧

Entrance Song: *(Use the entrance song that will be sung at Confirmation.)*

Leader: In the name of the Father, and of the Son, and of the Holy Spirit.

R/. Amen.

Leader: Brothers and sisters, give praise to God, who sends us the Holy Spirit to live in our hearts and has favored us in wonderful ways. Blessed be God now and for ever.

R/. Amen.

Leader: Let us pray that we may be renewed by the grace of our Baptism: *(Silence)*

Almighty and eternal God, in Baptism you gave new life in the Spirit to your sons and daughters.

In spirit and power,
keep all who are reborn of water and the Spirit
your adopted children,
and may we always proclaim with our lips
the good news of salvation.

Renew within us the power of our Baptism
and fill us with zeal for your gospel.
Strengthen us to acknowledge Christ,
so that we who are born in his likeness
may journey on the path of salvation
begun in our Baptism.

We ask this through Christ our Lord.

R/. Amen.

LITURGY OF THE WORD

Reading: Ezekiel 36:24–30

Responsorial Psalm: *(Use the responsorial psalm that will be sung at Confirmation.)*

Gospel Acclamation: *(Use the gospel acclamation that will be sung at Confirmation.)*

Gospel: John 3:1–6

Reflection (an explanation of God's word in the reading)

Bendición

Guía: *(Invite a los candidatos a arrodillarse)*
El día en que fueron bautizados en la
    comunidad cristiana
    fueron bienvenidos con gozo.
Fueron bautizados en el nombre del Padre,
    y del Hijo, y del Espíritu Santo.
Se pusieron en las manos del Señor Jesús.

Hoy les damos una cruz para que recuerden
que fueron reclamados por Cristo,
y pedimos a Dios los bendiga.

R/. Amén.

Guía: Invito a los que se están preparando para
    la Confirmación pasar adelante para aceptar
    la cruz.

Catequista[s]: *(Dé a cada persona una cruz diciendo
    la siguiente oración.)*

Bendito sea Dios quien te eligió en Cristo.

R/. Amén.

Peticiones

Guía: Pedimos a Dios nos acompañe en nuestro
    peregrinar a rezar por los necesitados y por
    todos los hijos adoptivos de Dios. Nuestra
    respuesta será: *Señor, escucha nuestra oración.*

1. Hemos sido marcados con la señal de la cruz.
Danos el valor de vivir esta señal en nuestro
mundo. Roguemos al Señor.

2. Renunciamos a Satanás. Fortalece nuestra
proclamación de la buena nueva de salvación en
nuestro mundo hoy. Roguemos al Señor.

3. Hemos aceptado a Cristo. Ayúdanos a mantener
viva en nuestros corazones la llama de la fe.
Roguemos al Señor.

4. Hemos experimentado nuestras aguas vivas.
Llénanos del deseo de crecer semejantes a Cristo.
Roguemos al Señor.

5. Hemos vestido el alba blanca de la salvación.
Permite que sigamos vestidos en Cristo.
Roguemos al Señor.

6. Hemos sido llamados hijos de Dios. Abre
nuestros corazones para aceptar y amar a todos los
hijos de Dios. Roguemos al Señor.

Guía: Dios, dador de vida,
escucha las oraciones de los renacidos
    a la vida eterna.
Quédate con nosotros durante este peregrinar
    mientras crecemos en amor por tu Espíritu.
Te lo pedimos por Jesucristo nuestro Señor.

R/. Amén.

Guía: Reunidos como cuerpo de Cristo, vamos
    a rezar con las palabras que Jesús nos enseñó:

Todos: Padre nuestro . . . .

CONCLUSION

Guía: Dios de salvación,
revelaste a Nicodemo un renacer
en agua y en Espíritu
y lo llamaste, al igual que a nosotros, a nacer
semejantes a tu Hijo, Jesucristo.
Despierta nuestra fe en tu palabra que mora
    en nosotros.
Renueva nuestro aprecio por toda vida cristiana
como un continuo vivir de nuestro
    Bautismo.
Te lo pedimos por Cristo nuestro señor.

R/. Amén.

Guía: *(Haciendo la señal de la cruz dice:)*
    Que Dios Padre, con el Hijo y el Espíritu Santo,
    sea alabado y bendecido por los siglos
    de los siglos.

R/. Amén.

Blessing

Leader: *(Invites the candidates to kneel)*
On the day of your Baptism the Christian community
  welcomed you with great joy.
You were baptized in the name of the Father,
  and of the Son, and of the Holy Spirit.
You put on the Lord Jesus.

Today we give you a cross as a reminder that
you were claimed for Christ,
and we pray that God's blessing be upon you.
Catholic Household Blessings and Prayers

℟. Amen.

Leader: I invite all those preparing to receive
  Confirmation to come forward to accept the
  cross.

Catechist[s]: *(Gives each person a cross and says the
  following prayer.)*

Blessed be God who chose you in Christ.

℟. Amen.

General Intercessions

Leader: We ask God to accompany us on our
  journey and pray for the needs of all God's
  adopted children. Our response will be: *Lord,
  hear our prayer.*

1. We have been marked by the sign of the cross.
Give us the courage to live this sign in our world.
We pray to the Lord.

2. We have rejected Satan. Strengthen us to proclaim
the Good News of salvation in our world today.
We pray to the Lord.

3. We have accepted the light of Christ. Help us
to keep this flame of faith alive in our hearts.
We pray to the Lord.

4. We have experienced your living waters. Fill
us with the desire to grow in the likeness of Christ.
We pray to the Lord.

5. We have worn the white robe of salvation.
May we continue to clothe ourselves in Christ.
We pray to the Lord.

6. We have been named children of God. Open
our hearts to accept and love all God's children.
We pray to the Lord.

Leader: God, the giver of all life,
hear the prayers of those who have been reborn
  to everlasting life.
Be with us on our journey as we deepen our love
  for your Spirit.
We ask this through Christ our Lord.

℟. Amen.

Leader: Gathered as one body in Christ, let us
  pray in the words that Jesus gave us:

All: Our Father. . . .

CONCLUSION

Leader: God of salvation,
you revealed to Nicodemus a new birth
in water and the Spirit
and called him and us to be born
in the likeness of your Son, Jesus Christ.
Awaken our faith in your Word dwelling
  among us.
Give us a renewed sense of all Christian life
as a continual, day after day, living out of our
  Baptism.
We ask this through Christ our Lord.

℟. Amen.

Leader: *(Signs himself or herself with the sign of
  the cross and says:)*
  May God the Father, with the Son and the Holy
  Spirit, be praised and blessed for ever and ever.

℟. Amen.

*R*enueva dentro de nosotros el poder de nuestro Bautismo y llénanos de celo por el evangelio. Fortalécenos para reconocer a Cristo, para que nosotros que hemos nacido semejantes a él podamos caminar la vía de la salvación iniciada en nuestro Bautismo.

¡Qué palabras tan hermosas! Entre otras cosas, en esta oración pedimos la fuerza para seguir nuestro peregrinaje en la ruta a la salvación. ¿Has pensado alguna vez que tu vida cristiana es un peregrinar hacia la salvación? ¿En qué forma?

Renacido

El Bautismo es verdaderamente peregrinar. La mayoría de nosotros fuimos bautizados cuando bebés. Es por medio de la Iglesia que recibimos fe y nueva vida en Cristo. En el Bautismo renacemos y nos colocamos en el "camino de salvación". Pero, ¿qué significa eso realmente? Alguien hizo esa pregunta a Jesús.

En el Evangelio de Juan leemos acerca de un hombre llamado Nicodemo, miembro importante del Sanedrín, quien preguntó a Jesús:

Rabino, sabemos que eres un profeta enviado por Dios, porque nadie puede hacer las señales que tú haces a menos que Dios esté con él. Jesús le contestó: "Amén, amén, te digo que nadie puede ver el reino de los cielos a menos que nazca de arriba". Nicodemo dijo: "¿Cómo puede una persona adulta nacer de nuevo? ¿Quién volverá al seno de su madre para nacer de nuevo?"

Jesús hizo que Nicodemo pasara de lo que no podía ver a una realidad más profunda—cosas que no puede ver con los ojos. Al principio Nicodemo sólo puede trabajar con lo visible: nacimos una vez de un padre y una madre. ¿Cómo podemos nacer de nuevo? Jesús vino a mostrarnos una verdad más profunda; por él experimentamos un nacimiento diferente, un nacimiento espiritual. Así contestó a la pregunta de Nicodemo:

"En verdad te digo: el que no renace del agua y del Espíritu no puede entrar en el Reino de Dios. Lo que nace de la carne es carne, y lo que nace del Espíritu es espíritu". (Juan 3:2–6)

Durante el Bautismo naciste "del agua y del Espíritu". Diste muerte a tu "antigua vida"—diste muerte al pecado original. *Pecado original* es el rechazo de Dios por nuestros primeros padres, dando como resultado la pérdida de la gracia santificante para ellos y su descendencia. Por este pecado, la naturaleza humana es débil y propensa al pecado. Pero hemos sido salvos por Cristo y devueltos a la vida de gracia. Jesús, la encarnación de la segunda Persona de la Santísima Trinidad, nos salvó del pecado por su vida, muerte y resurrección.

El Bautismo es el sacramento de tu nuevo nacimiento, tu nueva vida en Cristo y el signo sacramental de esa nueva vida es el agua de vida del Bautismo.

*R*enew within us
the powers of our
Baptism and fill us with
zeal for your gospel.
Strengthen us to
acknowledge Christ,
so that we who are born
in his likeness may journey in
the path of salvation begun
in our Baptism.

**Such wonderful words!
Among other things we ask
for in the prayer is strength to
continue our journey on the
path of salvation.
Do you ever think of your
Christian life as a journey towards
salvation? In what ways?**

Born Anew

Baptism is truly the beginning of our journey. Most of us were baptized as infants. It is through the Church that we receive faith and new life in Christ. In Baptism we are born anew and we set out "on the path of salvation." But what does that really mean? Someone once asked Jesus that same question.

The Gospel of John tells of a man called Nicodemus, an important member of the Jewish Sanhedrin, who comes at night to Jesus to whom he says:

> "Rabbi, we know that you are a teacher who has come from God, for no one can do these signs that you are doing unless God is with him." Jesus answered and said to him, "Amen, amen, I say to you, no one can see the kingdom of God without being born from above." Nicodemus said to him, "How can a person once grown old be born again? Surely he cannot reenter his mother's womb and be born again, can he?"

Jesus makes Nicodemus move from what he can see to the much deeper reality—things he cannot see with his eyes. Nicodemus at first can only deal with the visible: We are born once of a mother and father. How can we be born again? But Jesus came to show us all a much deeper truth: through him we are to experience a different birth, a spiritual birth. And so he answers Nicodemus' question:

> "Amen, amen, I say to you, no one can enter the kingdom of God without being born of water and Spirit. What is born of flesh is flesh and what is born of the Spirit is spirit" (John 3:2–6).

At your Baptism you were born "of water and the Spirit." You died to your "old life"—you died to original sin. *Original sin* is the rejection of God by our first parents resulting in the loss of sanctifying grace for themselves and all their descendants. Because of original sin, human nature is weakened and inclined to sin. But we have been saved by Jesus Christ and restored to a life of grace. Jesus, the incarnation of the second Person of the Blessed Trinity, saved us from sin by his life, death, and resurrection.

Baptism is the sacrament of your new birth, your new life in Christ. And the sacramental sign of that new life is the life-giving water of Baptism.

Aguas vivas

¿Qué imágenes llegan a tu mente cuando escuchas la palabra "agua"? ¿Piensas en una bebida fresca que alivia la sed? Quizás piensas en imágenes de un lago tranquilo o en el poderoso oleaje del océano. Puede que pienses en las lluvias de la primavera que renuevan la tierra y hacen que hasta los desiertos florezcan. El agua es fuente de vida para todas las cosas, pero principalmente para nosotros. Compone el 60% de nuestro cuerpo y es crucial para nuestra supervivencia.

El agua, tan esencial para nuestra vida, es el símbolo clave del Bautismo, el sacramento de nuestra nueva vida en Dios. En la Vigilia Pascual, antes de que los que van a ser bautizados sean iniciados en la Iglesia, se bendice el agua para el Bautismo. El celebrante pide a Dios que nos dé gracia por medio del don del agua. Juntos recordamos el poder salvador de Dios, especialmente aquellos en que participa el agua y pedimos para que todos los enterrados con Cristo en el Bautismo puedan resucitar con él a una nueva vida.

Los que van a ser bautizados son introducidos en el agua tres veces (o el agua es derramada sobre sus cabezas) y el sacerdote o el diácono los bautiza en el nombre del Padre, y del Hijo, y del Espíritu Santo. Esta triple inmersión da el nombre al sacramento, ya que *bautizar*, viene de una palabra griega que significa "introducir", "sumergir". En el Bautismo el agua es un símbolo de la muerte y resurrección de Cristo. Los nuevos bautizados son sumergidos en la muerte de Cristo y salen del agua resucitados con Cristo—ahora todo es nuevo. La vida bautismal es eterna.

Como una señal de esta nueva vida los nuevos bautizados son ungidos con crisma, o santo óleo, y son vestidos con una vestidura blanca que significa que ellos son "una nueva creación", ahora son vestidos en Cristo.

También esto pasó durante tu Bautismo.

Imagina que vas a ser bautizado. Piensa en tres cosas que quisieras "hacer de nuevo" en tu vida.

Escríbelas aquí.

The Waters of Life

What images come to mind when you hear the word "water"? Do you think of a cold drink that relieves thirst? Perhaps you see images of a peaceful lake or the powerful surf of the ocean. You might think of spring rains that renew the earth and make even the desert bloom. Water is a source of life for all things, but especially for us. It makes up 60% of our bodies and is crucial to our survival.

Water, so essential for life, is the key symbol of Baptism, the sacrament of our new life in God. At the Easter Vigil, before those preparing for Baptism are initiated into the Church, the water for Baptism is blessed. The celebrant prays that God the Father will give us grace through the sign of the gift of water. We recall together God's saving acts, especially those involving water. And we pray that all who are buried with Christ in Baptism may rise with him to new life.

Those who are to be baptized are then plunged into the water (or water is poured over their heads), and the priest or deacon baptizes them in the name of the Father, and of the Son, and of the Holy Spirit.

This immersion gives the sacrament its name, for *to baptize* comes from a Greek word that means "to plunge into" or "to immerse." In Baptism the water is a symbol of Christ's death and rising. The newly baptized are plunged into his death and come up from the water risen with Christ—and now all is new. Baptismal life is forever.

As a sign of this new life the newly baptized are anointed on the head with chrism, or holy oil, and are clothed with a white garment to signify that they have "become a new creation;" they are now clothed in Christ.

This is what took place at your Baptism, too.

Imagine that you are about to be baptized. Think of three things that you would like to have "made new" in your life.

Write them here.

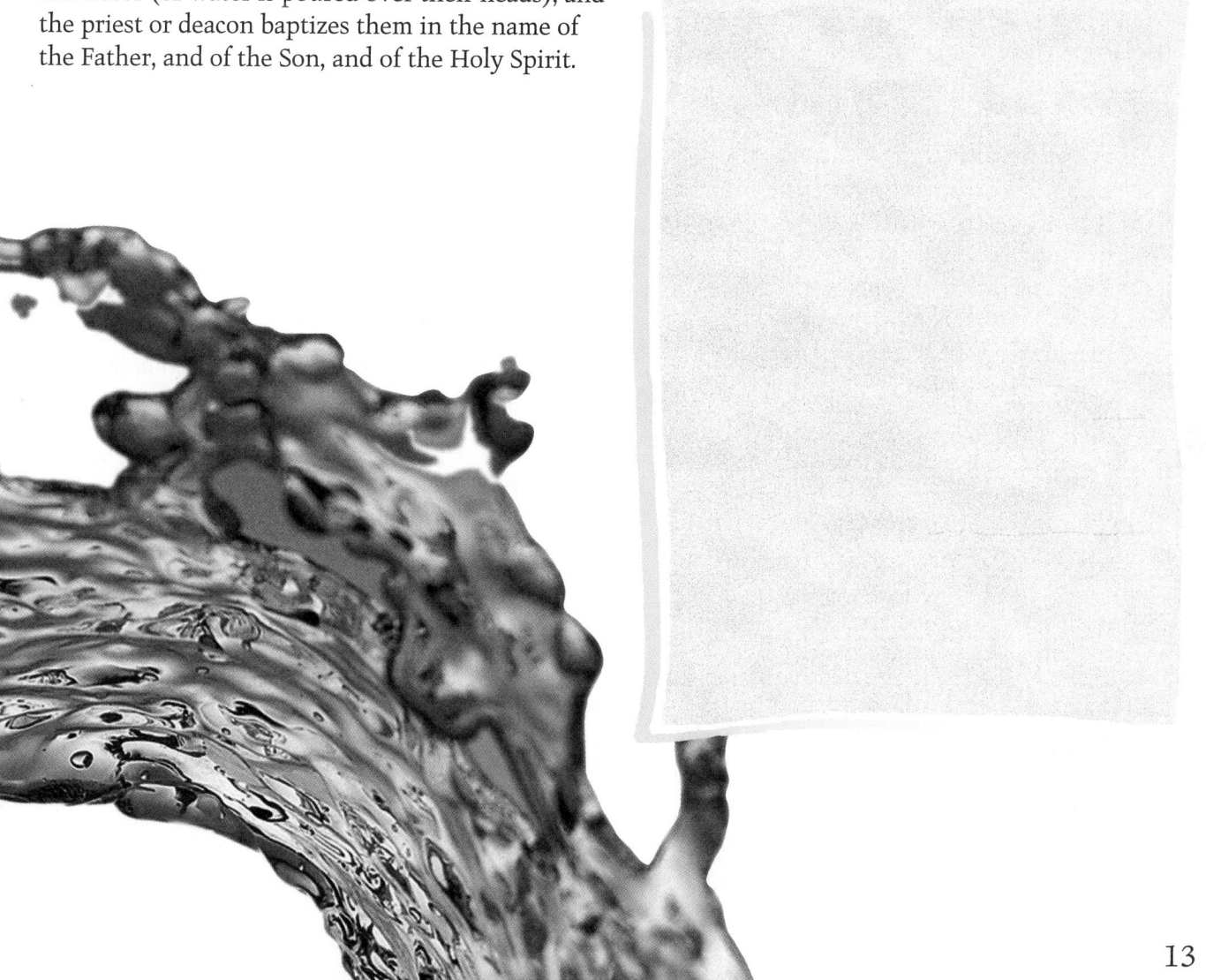

Hijos de la luz

Otro poderoso símbolo del Bautismo es la luz. Durante tu Bautismo se te dio una vela encendida. "Recibe la luz de Cristo", dijo el celebrante. Luego rezó:

> Que estos niños, iluminados por Cristo, caminen siempre como hijos de la luz y preservados en la fe.

A diferencia de la vela que se extingue al final de la liturgia, la luz espiritual que recibimos en el Bautismo es la verdadera vida de Dios. Está encendida dentro de nosotros, cambiándonos para siempre. Estamos llenos de la verdadera vida de Dios por medio del poder del Espíritu Santo. A esto se le llama *gracia santificante*. Esta luz sólo se apaga por nuestra libre decisión de rechazar a Dios.

Durante el Bautismo prometemos seguir el camino de la salvación. Nuestra luz y nuestra guía en este peregrinaje es Cristo mismo.

Términos claves

Como bautizados, la Iglesia nos reta a ser testigos vivos de Cristo en nuestro mundo. Si queremos hacer esto, tenemos que proclamar claramente la fe, primero tenemos que entender las palabras que la expresan. He aquí algunos términos simples. Memorízalos.

sacramento: es un signo visible y efectivo, dado por Cristo, por medio del cual compartimos la gracia de Dios.

gracia santificante: participación en la vida misma de Dios que nos introduce en una relación íntima y permanente con la Santísima Trinidad; recibimos este don divino por primera vez durante el Bautismo.

Bautismo: es el sacramento que nos libera del pecado original, nos hace partícipes de la vida de Dios y nos da la bienvenida como miembros de la Iglesia.

El Papa Juan Pablo II quiere que los jóvenes del mundo entiendan mejor y se comprometan plenamente a la vida que comparten con Cristo, recientemente dijo:

> Apreciados jóvenes, ¿saben lo que el sacramento del Bautismo hizo por ustedes? Dios les reconoció como sus hijos y transformó su existencia en una historia de amor con él. El los conformó con Cristo para que puedan vivir su propia vocación. El ha venido a hacer un pacto con ustedes y a ofrecerles su paz. Vivan de ahora en adelante como hijos de la luz quienes conocen que están reconciliados por la cruz del Salvador.

Piensa por un momento: Durante el Bautismo tu existencia fue transformada en una "historia de amor con Dios". ¿Qué significa eso para ti?

> En el comienso de una nueva vida y nos halercamos a dios como humanos.

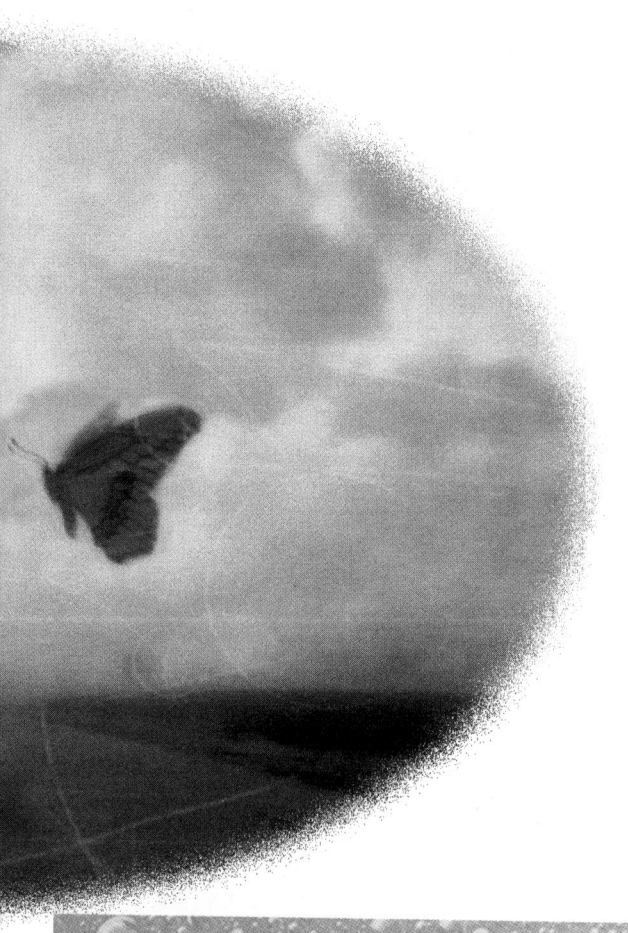

Children of Light

Another powerful symbol of Baptism is light. At your Baptism a lighted candle was given to you. "Receive the light of Christ," the celebrant said. Then he prayed:

> You have been enlightened by Christ.
> Walk always as children of the light
> and keep the flame of faith alive
> in your hearts.

Unlike the candle that is extinguished at the end of the liturgy, the spiritual light that we receive at Baptism is the very life of God. It burns within us, changing us forever. We are filled with God's own life through the power of the Holy Spirit. This is what is called *sanctifying grace*. This light can only be extinguished by a free choice of ours to reject God.

At Baptism we promise to follow the path of salvation. Our light and our guide on that path is Christ himself.

Pope John Paul II who wants the young people of the world to understand more deeply and commit themselves more completely to the life they share in Christ, said recently:

> Dear young people, do you know what the sacrament of Baptism does to you? God acknowledges you as his children and transforms your existence into a story of love with him. He conforms you to Christ so that you will be able to fulfill your personal vocation. He has come to make a pact with you, and he offers you his peace. Live from now on as children of the light who know they are reconciled by the cross of the Savior.

Think for a moment: In Baptism your very existence was transformed into a "story of love" with God. What does that mean to you?

Key Terms

The Church challenges us as baptized Christians to be living witnesses to Christ in our world. If we are to do this, if we are to proclaim the faith clearly, we must first understand the words that express it. Here are a few simple terms. Learn them by heart.

sacrament: a visible and effective sign, given to us by Christ, through which we share in God's grace

sanctifying grace: a participation in the very life of God that brings us into an intimate and permanent relationship with the Blessed Trinity; we first receive this divine gift at Baptism

Baptism: the sacrament in which we are freed from original sin, given a share in God's life, and welcomed as members of the Church

Símbolos Un símbolo es algo que representa otra cosa. Generalmente es algo visible que expresa una verdad acerca de una cosa invisible. Entre todas las criaturas de la tierra, los humanos somos los únicos que tenemos el poder y la imaginación de pensar simbólicamente, para interpretar y hacer sentido de nuestras vidas, y expresar en símbolos nuestras creencias y preocupaciones más profundas.

¿Qué expresan estos símbolos acerca del sacramento del Bautismo?

agua ~~símbolo~~ Simbolo del Baustimo. y Puresa

vela Luz de Díos

vestidura blanca
Pureza
~~es~~ nueva creacion

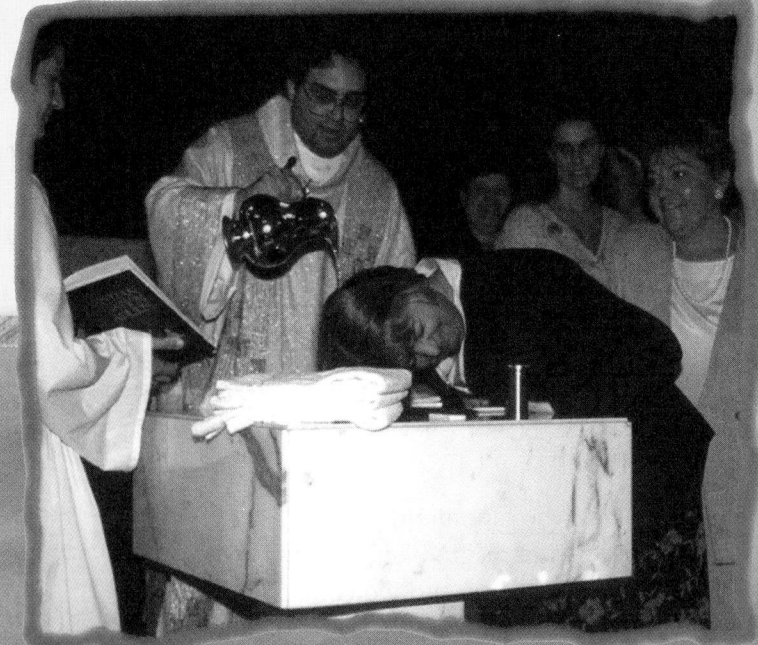

16

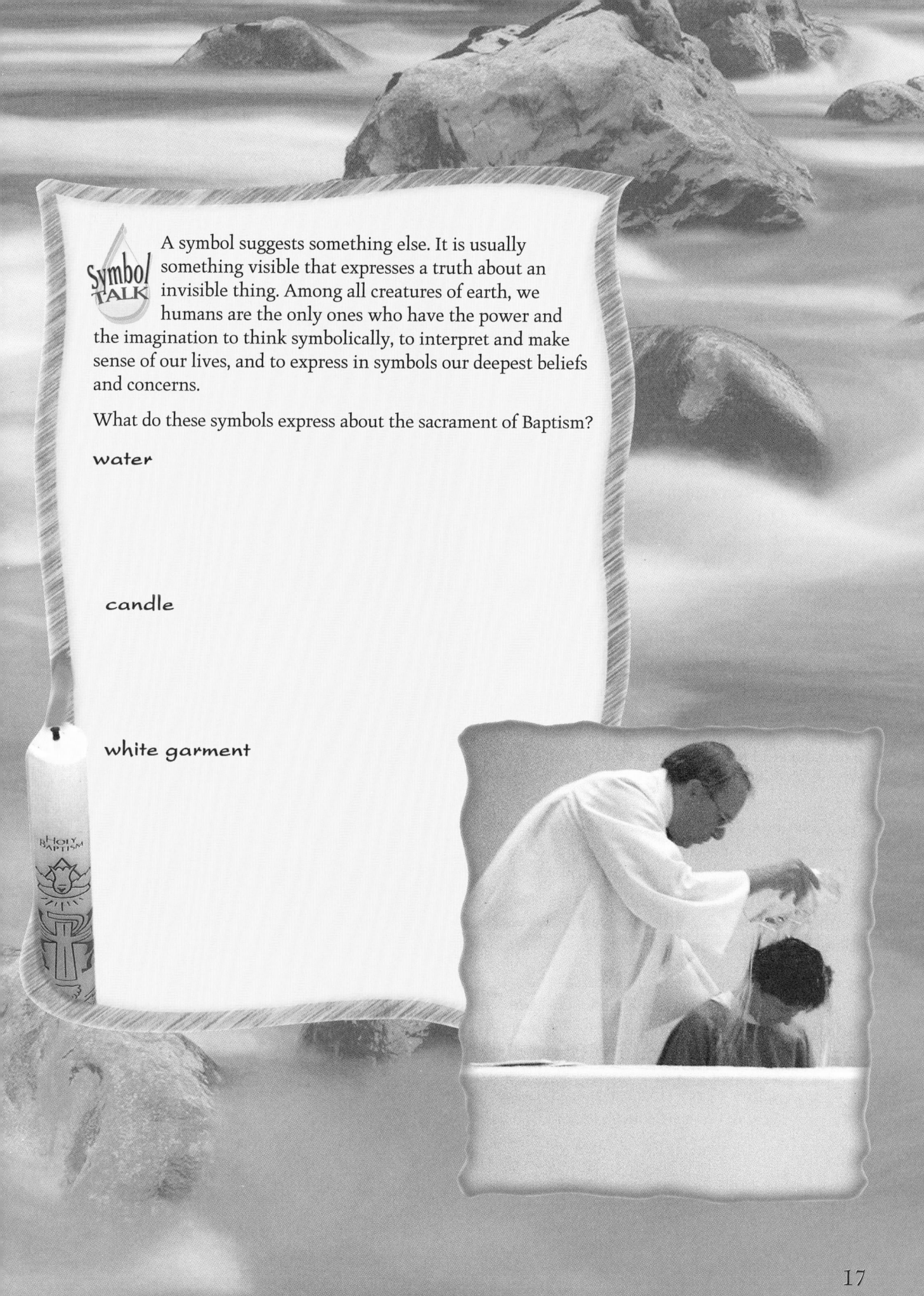

Symbol TALK

A symbol suggests something else. It is usually something visible that expresses a truth about an invisible thing. Among all creatures of earth, we humans are the only ones who have the power and the imagination to think symbolically, to interpret and make sense of our lives, and to express in symbols our deepest beliefs and concerns.

What do these symbols express about the sacrament of Baptism?

water

candle

white garment

El poder del Bautismo

Hoy rezamos: "Renueva dentro de nosotros el poder de nuestro Bautismo". ¿Qué es ese poder? ¿Qué hace en nosotros? San Pablo nos dice:

¿Cómo podrían ignorar este punto? Los que fuimos sumergidos por el bautismo en Cristo Jesús, fuimos sumergidos con él para participar de su muerte. Pues, por el bautismo, fuimos sepultados junto con Cristo para compartir su muerte, y, así como Cristo fue resucitado de entre los muertos por la Gloria del Padre, también nosotros hemos de caminar en una vida nueva. Romanos 6:3–4

Parece extraño decir que debemos "morir" con Cristo para poder vivir. San Pablo nos da el significado: sumergidos en las aguas limpias del Bautismo no es un símbolo vacío; este es un símbolo poderoso y efectivo de nuestra inmersión en nuestra unión con Cristo. A nosotros, los bautizados, se nos ha dado participación en su resurrección, su nueva vida.

Cuando rezamos "renueva en nosotros el poder de nuestro Bautismo", estamos pidiendo la fuerza, el valor, el deseo de ser verdaderos discípulos de Jesús.

Por medio de todos los símbolos bautismales, la Iglesia expresa su creencia en que el "Santo Bautismo es el fundamento de toda la vida cristiana, el pórtico de la vida en el espíritu. . . y la puerta que abre el acceso a los otros sacramentos" (*Catecismo de la Iglesia Católica*, 1213). Es nuestra iniciación en la Iglesia—una iniciación que es sellada y alimentada por otros dos *sacramentos de iniciación*. En forma real el Bautismo, la Confirmación y la Eucaristía pueden considerarse como un "solo momento".

Al celebrar este "momento", ratificamos nuestra voluntad de alejarnos del egoísmo y el pecado para buscar la vida en el Espíritu de Cristo Jesús. Su obra, su misión, es ahora nuestra.

 ¿Descubriste en esta sección algo que no sabías acerca del Bautismo? Compártelo con los demás.

El Papa y la juventud

Cuando miles de jóvenes católicos viajaron a París, Francia, en agosto de 1997, el papa Juan Pablo II les preguntó: "¿Saben lo que el Bautismo hizo en ustedes?"

Entonces el Santo Padre les recordó que el Bautismo
• nos introduce a una intimidad con Dios.
• nos purifica del pecado y nos abre un nuevo futuro.
• es un baño que nos limpia y regenera.
• es un vestido de fortaleza y perfección.

Después el Papa aseguró a los jóvenes: El Bautismo es el signo por medio del cual Dios se une a nosotros en nuestro peregrinar, él hace nuestra existencia más hermosa y transforma nuestra historia en una historia de santidad.

The Pope & YOUth

When thousands of Catholic youth journeyed to Paris, France in August 1997, Pope John Paul II asked them "Do you know what Baptism does to you?"

The Holy Father then reminded them that Baptism
• brings us into intimacy with God.
• purifies us from sin and opens us to a new future.
• is a bath which washes and regenerates.
• is a vestment of strength and perfection.

Then the pope assured the young people:
> Baptism is the sign that God has joined us on our journey, that he makes our existence more beautiful and that he transforms our history into a history of holiness.

The Power of Baptism

Today we prayed, "Renew within us the power of our Baptism." What is this power? What does it do in us? Saint Paul tells us:

> Or are you unaware that we who were baptized into Christ Jesus were baptized into his death? We were indeed buried with him through baptism into death, so that, just as Christ was raised from the dead by the glory of the Father, we too might live in newness of life.
> Romans 6:3–4

It seems strange to say that we must "die" with Christ in order to live. Saint Paul gives us the meaning: going down into the cleansing waters of Baptism is not an empty symbol; it is a powerful, effective sign of our immersion in, our union with Jesus Christ. We, the baptized, are given a share in his resurrection, his new life.

When we pray "Renew in us the power of our Baptism," we are asking for the strength, the courage, the desire to be true disciples of Jesus.

Through all these baptismal symbols the Church expresses its belief that "Baptism is the basis of the whole Christian life, the gateway to life in the Spirit . . . and the door which gives access to the other sacraments" (*Catechism of the Catholic Church*, 1213). It is the beginning of our initiation into the Church—an initiation that is sealed and nourished by two other sacraments: Confirmation and Eucharist. For this reason these three sacraments are called the *sacraments of initiation*. In a very real way a Baptism, Confirmation, and Eucharist can be thought of as "one moment."

In celebrating this "moment," we signify our willingness to turn from selfishness and sin to a life in the Spirit of Christ Jesus. We are in Christ and Christ is in us. His work, his mission, is now our own.

 Have you discovered in this session something about Baptism that you did not know before? Share it.

PEREGRINAJE

PARTIDA

¿Por qué decimos que el Bautismo es el inicio de nuestro caminar hacia la salvación?

POINTS OF
DEPARTURE

Why do we speak of Baptism as the beginning of our journey on the path of salvation?

SIMBOLOS

¿Qué verdades acerca del Bautismo nos ayuda a entender el símbolo del agua?

Destino

Hablemos:
Como joven católico que se prepara para la Confirmación, ¿qué vas a hacer esta semana para vivir tu identidad bautismal?

Nombra una forma específica en que mostrarás que has nacido a semejanza de Cristo, en la familia, en la parroquia, en la comunidad.

Destination Points

Let's discuss:
As a young Catholic preparing for Confirmation, what will you do to live out your baptismal identity this week?

Name one specific way you will show, in the family, the parish, or the community, that you have been born in the likeness of Christ.

SYMBOLS ON THE MAP

What truths about Baptism does the symbol of water help us to understand?

NOTAS

Reflexión

Por medio del Bautismo el Espíritu Santo mora en mí y está en mí siempre.

Mi Oración:

Espíritu Santo, ayúdame a recordar que tu protección y cuidado nunca me faltan. Hoy te lo pido

JOURNAL NOTES

Reflections

Through Baptism the Holy Spirit dwells in me and remains with me always.

My Prayer:

Holy Spirit, help me to remember that I am never without your care and protection. I pray today that

Oración final

El Hijo unigénito del Padre, quien prometió que el Espíritu de verdad permanecería siempre en la Iglesia, los bendiga y los confirme con su gracia, para que seáis fieles en la profesión de la verdad de fe.
Por Jesucristo, nuestro Señor.
Amén.

Rito del Bautismo

closing Prayer

Father of love and power,
it is your will to establish everything in Christ
and to draw us into his all-embracing love.

Guide these chosen ones:
strengthen them in their vocation,
build them into the kingdom of your Son,
and seal them with the Spirit of your promise.

We ask this through Christ our Lord.
Amen.

The Rite of Baptism

Sellado con el don del Espíritu

Envía tu Espíritu, Señor, y repuebla la faz de la tierra.

Del Rito de la Confirmación

Sealed with the Gift
of the Spirit

Lord, send out your Spirit, and
renew the face of the earth.

The Rite of Confirmation

ORACION INICIAL

Canción: *(Use la canción que será cantada en la Confirmación.)*

Guía: En el nombre del Padre, y del Hijo, y del Espíritu Santo.

R/. Amén.

Guía: *(salude a los presentes con las siguientes palabras)*

Alabemos a Dios, quien nos envía al Espíritu Santo para morar en nuestros corazones quien nos favorece en formas maravillosas. Bendito sea Dios ahora y siempre.

R/. Amén.

Guía: Vamos a pedir por los dones del Espíritu en nuestras vidas : *(Silencio)*

Dios poderoso y misericordioso,
enviaste tu Espíritu sobre los discípulos
y encendiste sus corazones con amor.
Envía tu Espíritu a vivir en nuestros corazones
e infunde en nosotros un renovado entendimiento
del Espíritu en nuestras vidas.

Te lo pedimos por Cristo, nuestro Señor.

R/. Amén.

LITURGIA DE LA PALABRA

Lectura: Hechos de los apóstoles 2:1–6, 22b–23, 32–33

Salmo responsorial: *(Use el salmo responsorial que será cantado en la Confirmación.)*

Aclamación del evangelio: *(Use la aclamación que será cantada en la Confirmación.)*

Evangelio: Juan 7:37–39

Reflexión

Bendición

Guía: *(Invite a los confirmados a arrodillarse y rezar.)*

En el día de tu Bautismo a tus padres se les encomendó mantener encendida
    la luz de Cristo en tu vida.
Cuando fuiste bautizado en el nombre del Padre,
    y del Hijo, y del Espíritu Santo fuiste iluminado
    por Cristo.

De nuevo te pasamos esa llama de fe,
para que siempre recuerdes que debes
    caminar como hijo de la luz en el mundo,
pedimos a Dios te dé esa bendición.

R/. Amén.

OPENING PRAYER

Entrance Song: *(Use the entrance song that will be sung at Confirmation.)*

Leader: In the name of the Father, and of the Son, and of the Holy Spirit.

R/. Amen.

Leader: *(greets those present in the following words)*

Brothers and sisters, give praise to God, who sends us the Holy Spirit to live in our hearts and has favored us in wonderful ways. Blessed be God now and for ever.

R/. Amen.

Leader: Let us pray for the Gift of the Spirit in our lives: *(Silence)*

God of power and mercy,
you sent your Spirit upon the disciples
and set their hearts on fire with love.
Send your Spirit to live in our hearts,
and excite in us a renewed
understanding of the Spirit in our lives.

We ask this through Christ our Lord.

R/. Amen.

LITURGY OF THE WORD

Reading: Acts 2:1–6, 22b–23, 32–33

Responsorial Psalm: *(Use the responsorial psalm that will be sung at Confirmation.)*

Gospel Acclamation: *(Use the gospel acclamation that will be sung at Confirmation.)*

Gospel: John 7:37–39

Reflection

Blessing

Leader: *(Invites the candidates to kneel and prays:)*

On the day of your Baptism
your parents were entrusted to keep the light
    of Christ burning brightly in your lives.
When you were baptized in the name of
    the Father,
and of the Son, and of the Holy Spirit
you were enlightened by Christ.

Today we pass this flame of faith to you
    once again,
so that you will always remember
that you are to walk as children of the light
    in this world,
and we pray that God's blessing be upon you.

R/. Amen.

Guía: Invito a los que van a recibir el sacramento de la Confirmación pasar al frente para recibir la llama de la fe.

Catequista: *(Encienda una vela del cirio pascual para cada persona y entréguesela diciendo:)*

Recibe esta luz y mantenla viva en tu corazón.

R/. Amén.

Peticiones

Guía: Pedimos a Dios nos acompañe en nuestro peregrinar y que el Espíritu nos ayude a ser sus testigos en el mundo. Nuestra respuesta será *Señor, escucha nuestra oración.*

1. Conocemos tu Espíritu en el símbolo de aguas vivas. Danos *sabiduría* para que podamos continuar viviendo nuestra llamada a la santidad en este mundo. Roguemos al Señor.

2. Conocemos tu Espíritu en el ungido. Danos el *valor de* seguir siendo fieles a Cristo nuestro sacerdote, profeta y rey. Roguemos al Señor.

3. Conocemos tu Espíritu en el símbolo del *fuego.* Danos *ciencia* para mantener la llama de la fe viva en nuestros corazones. Roguemos al Señor.

4. Conocemos tu Espíritu en el símbolo de *nube* y *luz.* Danos *inteligencia* para aceptar tu revelación como el Dios vivo. Roguemos al Señor.

5. Conocemos tu Espíritu en la *imposición de las manos. Aconséjanos* para que podamos discernir el derramamiento de tu Espíritu en nuestras vidas. Roguemos al Señor.

6. Conocemos tu Espíritu como *aliento, aire* y *viento*—del aliento de Dios, el divino Espíritu. Estamos lleno del *temor de Dios* y te pedimos que pongas estos dones en nuestros corazones. Roguemos al Señor.

7. Conocemos tu Espíritu en el símbolo de la *paloma.* Danos *reverencia* para que podamos respetar los signos y símbolos de tu presencia en este mundo. Roguemos al Señor.

8. (Petición del grupo)

Guía: Dios dador de vida,
enviaste tu Espíritu sobre los discípulos
y encendiste sus corazones con el fuego del amor.
Escucha las oraciones por los que anhelan tu Espíritu de verdad.
Te lo pedimos por Jesuscristo, nuestro Señor.

R/. Amén.

Guía: Reunidos como el cuerpo de Cristo, vamos a rezar con las palabras que él nos enseñó:

Todos: Padre nuestro . . . .

CONCLUSION

Guía: Padre de luz,
envía tu Espíritu a nuestras vidas.
Con el poder de un fuerte viento
y que por la llama de su sabiduría
abra nuestras mentes a tu presencia.
Suelta nuestras lenguas para alabarte
con palabras más allá del poder
de hablar, porque sin tu Espíritu
no podremos elevar nuestras voces
en palabras de paz o anunciar
la verdad de que Jesús es el Señor.

Te lo pedimos por Cristo, nuestro Señor.

R/. Amén.

Guía: *(Concluya haciendo la señal de la cruz diciendo:)* Que Dios Padre, con el Hijo y el Espíritu Santo, sea alabado y bendecido por los siglos de los siglos.

R/. Amén.

Leader: I invite all those preparing to receive Confirmation to come forward to receive the flame of faith.

Catechist(s) *(Standing beside the paschal candle, gives each candidate a candle, lit with the flame from the paschal candle, and says:)*

Receive this light and keep it alive in your hearts.

R/. Amen.

General Intercessions

Leader: We ask God to accompany us on our journey and pray that the Spirit will help us to be his witnesses before the world. Our response is *Lord, hear our prayer.*

1. We know your Spirit in the symbol of living waters. Give us *wisdom* so that we may continue to live our call to holiness in this world. We pray to the Lord.

2. We know your Spirit in the anointing with oil. Give us *courage* to remain forever faithful to Christ who is priest, prophet, and king. We pray to the Lord.

3. We know your Spirit in the symbol of *fire*. Give us *knowledge* to keep the flame of faith alive in our hearts. We pray to the Lord.

4. We know your Spirit in the symbols of *cloud* and *light*. Give us *understanding* to accept your revelation as the living and saving God. We pray to the Lord.

5. We know your Spirit in the *laying on of hands*. Give us *right judgment* so that we may discern the outpouring of your Spirit in our lives. We pray to the Lord.

6. We know your Spirit as *breath, air*, and *wind*— the breath of God, the divine Spirit.
We are filled with *wonder* and *awe* and ask that you place this gift within our hearts. We pray to the Lord.

7. We know your Spirit in the symbol of the *dove*. Give us *reverence* so that we may respect the signs and symbols of your presence in this world. We pray to the Lord.

8. (Add your group petition.)

Leader: God, the giver of all life,
you sent your Spirit upon the disciples and set their hearts on fire with love.
Hear the prayers of those who long for your Spirit of truth.
We ask this through Christ our Lord.

R/. Amen.

Leader: Gathered as one body in Christ, let us pray in the words that Jesus gave us:

All: Our Father….

CONCLUSION

Leader: Father of light,
send your Spirit into our lives.
With the power of a mighty wind
and by the flame of your wisdom,
open our minds to your presence.
Loosen our tongues to sing your praise
in words beyond the power of speech,
for without your Spirit we could
never raise our voices in words of peace
or announce the truth that Jesus is Lord.

We ask this through Christ our Lord.

R/. Amen.

Leader: *(Concludes the rite by signing himself or herself with the sign of the cross and saying:)*

May God the Father, with the Son and the Holy Spirit, be praised and blessed for ever and ever.

R/. Amen.

Anima en nosotros un renovado entendimiento del Espíritu en nuestras vidas.

Al iniciar este tiempo de preparación para la Confirmación ¿cuál es tu entendimiento del Espíritu Santo en tu vida? Escribe tres palabras o frases que se te ocurren cuando piensas en el Espíritu Santo.

Renovado entendimiento

Supón que alguien te pregunta el significado de la Confirmación diciendo: "¿No es el Bautismo suficiente? ¿Por qué hay que confirmarse?" ¿Qué le dirías? ¿Por qué estás en este grupo preparándote para la Confirmación? ¿Crees que es importante? ¿Crees que de alguna manera te cambiará?

Quizás una corta historia nos ayude a entender más claramente el significado de la Confirmación. Al principio de la Iglesia los sacramentos de iniciación—Bautismo, Confirmación y Eucaristía— eran celebrados en un solo evento durante la Vigilia Pascual. Al salir de las aguas bautismales los nuevos bautizados eran sellados con el don del Espíritu Santo por medio de la imposición de las manos. Este don del Espíritu completaba la gracia del Bautismo. Además, para dar significado a ese don, la persona era ungida con santo óleo. La imposición de las manos y el ungir son el origen del sacramento de la Confirmación en la Iglesia católica.

Para completar esta iniciación, después del Bautismo y la Confirmación, los nuevos cristianos eran invitados a la mesa del Señor para celebrar la Eucaristía por primera vez. Hoy la Iglesia usa la misma secuencia de sacramentos al recibir a los adultos en la Iglesia. ¿Por qué están siendo confirmados a su edad?

Según la Iglesia fue creciendo algo pasó con la Confirmación. El Bautismo para los bebés se hizo más y más común y se celebraba durante el primer año. Gradualmente la celebración de la Confirmación se separó del Bautismo y fue pospuesta.

En tu caso, los sacramentos de iniciación a la Iglesia han sido distribuidos a lo largo de tu vida. Probablemente fuiste bautizado cuando eras un bebé, recibiste la Eucaristía a los siete u ocho años y ahora te estás preparando para la Confirmación. Debido a la distancia entre la administración de un sacramento y otro es difícil recordar la importancia de la relación que existe entre ellos: el Bautismo nos limpia del pecado original y nos hace hijos de Dios, la Confirmación nos sella con el Espíritu fortaleciendo la gracia del Bautismo, la Eucaristía nutre y sostiene nuestra nueva vida en Cristo.

*E*xcite in us a renewed understanding of the Spirit in our lives.

As you begin this time of preparation for Confirmation, what is your understanding of the Holy Spirit in your life? Write three words or phrases that come to mind when you think of the Holy Spirit.

A Renewed Understanding

Suppose someone asks you the meaning of Confirmation, and says, "Isn't Baptism enough? Why bother with Confirmation?" What would you say? Why are you here in this group preparing for Confirmation? Do you think it is important? Do you think it will change you in any way?

Perhaps a little history will help us understand more clearly the meaning of Confirmation. From the early days of the Church the sacraments of initiation—Baptism, Confirmation, and Eucharist—were celebrated in one event at the Easter Vigil. Coming out of the baptismal waters the newly baptized were sealed with the Gift of the Holy Spirit by the laying on of hands. This Gift of the Spirit completed the grace of Baptism. In addition, to signify this Gift, a person was anointed with holy oil. This laying on of hands and anointing were the origin of the sacrament of Confirmation in the Catholic Church.

To complete this initiation, after Baptism and Confirmation, the new Christians were invited to the table of the Lord to celebrate Eucharist for the first time. Today the Church uses the same sequence of sacraments in receiving adults into the Church. So why are you celebrating Confirmation at your age?

As the Church grew something happened to Confirmation. Infant Baptism became more common, and was celebrated throughout the year. Gradually, the celebration of Confirmation became separated from Baptism and was postponed until a later time.

For you these three sacraments of initiation into the Church have been spread over your lifetime: you were probably baptized as an infant, received the Eucharist at seven or eight, and are now preparing for Confirmation. Sometimes, because of the years separating these sacraments, it is difficult to remember the important relationship among these three sacraments: Baptism cleanses us from original sin and makes us children of God; Confirmation seals us with the Spirit, strengthening the grace of Baptism; Eucharist nourishes and sustains our new life in Christ.

El Bautismo nos hace miembros del cuerpo de Cristo, un cambio tan radical que no se puede deshacer. Este nos sella con una marca espiritual, tan indeleble, que no se puede quitar. En la Confirmación el Espíritu Santo nos incorpora a Cristo con más firmeza aumentando la gracia del Bautismo y fortaleciendo nuestro lazo con la Iglesia. La Confirmación también nos marca con un carácter indeleble e irrepetible. Somos signados con Cristo, sellados para siempre con el don del Espíritu. Como el Bautismo, la Confirmación y la Eucaristía forman una unidad como sacramento de iniciación, la Confirmación es el último sacramento de tu iniciación cristiana.

En la antigüedad, un sello era un símbolo de una persona importante, un signo de la autoridad o pertenencia de esa persona. Por ejemplo, los soldados eran estampados con el sello de su líder, para mostrar su total lealtad, lo seguirían por siempre. Pronto vas a recibir el sello del Espíritu Santo en la Confirmación. Si puedes visualizar el "sello del Espíritu", ¿qué imágenes o palabras aparecerán para mostrar que perteneces a Cristo?

Signos del Espíritu

Vamos a mirar de cerca como es el Espíritu realmente. Para ello necesitamos examinar la palabra misma. *Espíritu* es una palabra difícil de definir. Si por ejemplo dices que tu escuela o equipo tiene "espíritu", ¿qué quieres decir? Si se dice que una persona trae el "espíritu" a otros o describimos a alguien como "espiritual", ¿qué estamos diciendo realmente? Quizás nos lleguen a la mente palabras como: entusiasmo, energía, compromiso.

Estas palabras y otras pueden ayudarnos a entender al Espíritu Santo. Es importante recordar, sin embargo, que el Espíritu Santo es más que sólo palabras, más que una experiencia, más que sólo un símbolo. El Espíritu Santo es una Persona, la tercera Persona de la Santísima Trinidad.

¡Qué sorprendente! Esto quiere decir que en la Confirmación no sólo aprendemos más acerca de Dios, no sólo vamos a pasar por un rito—vamos a entrar a una relación más estrecha con la Trinidad. Como señala San Pablo, el Espíritu Santo nos permite gritar, a igual que Jesús, "Abba" al Dios Padre, reconociendo que Dios es Padre (Romanos 8:15). El Espíritu Santo nos lleva a una fuerte unión con Cristo, el cumplimiento de la revelación de Dios, y nos da la fuerza para proclamar su nombre sin avergonzarnos. Verdaderamente, es por medio del poder del Espíritu Santo que podemos adorar al Padre por medio del Hijo. En forma maravillosa, nuestra vida íntimamente se enlaza a la vida de la Trinidad. Es fácil entender por que la Santísima Trinidad es el centro de la creencia y la vida cristiana.

Si verdaderamente entendemos esto, entonces las palabras de la Escritura cobran vida para nosotros y la promesa de Jesús de enviarnos a un consolador se hace real. Mira las palabras de Jesús y las que nos han llegado a través de la experiencia de la primera Iglesia. El Espíritu es:

- *Abogado* (Juan 14:16)
  Uno que habla en nuestro favor, que nos defiende, conforta y consuela

- *Espíritu de verdad* (Juan 14:17)
  Uno que comunica la verdad de Dios, inspira la Escritura y nos guía en nuestro caminar en la fe

- *Espíritu de gloria* (1 Pedro 4:14)
  Uno que nos induce a la gloria que Dios tiene guardada para nosotros y quien nos da el valor para llevar a cabo la misión de Jesús.

Este es el Espíritu Santo que es derramado en nosotros durante la Confirmación.

Baptism makes us members of Christ's body, a change so radical that it can never be undone. It seals us with a spiritual mark, or character, that cannot be taken away. In Confirmation the Holy Spirit incorporates us more firmly into Christ, increasing the grace of Baptism and strengthening our bond with the Church. Confirmation, too, marks us with an indelible character that cannot be repeated. We are signed with Christ, sealed with the Gift of the Spirit forever. Because Baptism, Confirmation, and Eucharist form a unity as the sacraments of initiation, Confirmation is for you the final sacrament of your Christian initiation.

In ancient times, a seal was a symbol of a significant person, a sign of that person's authority or ownership. Soldiers were marked with the seal of their leader, for example, to show that their total loyalty was to him; they would follow him forever. Soon you will receive the seal of the Holy Spirit in Confirmation. If you could visualize the "seal of the Spirit," what images or words would appear to show that you belong to Christ?

Signs of the Spirit

Let's take a closer look at who the Holy Spirit really is. To do that we need to examine the word *spirit* itself. It's a difficult word to define. If you say, for example, that your school or your team has "spirit," what do you mean? If a person is said to bring "spirit" to another, or if we describe someone as "spiritual," what are we actually saying? Perhaps words like enthusiasm, energy, commitment, or comfort come to mind.

These words, and others, can also help us to understand the Holy Spirit. It is important to remember, however, that the Holy Spirit is more than just a word, more than just an experience, more than just a symbol. The Holy Spirit is a Person, the Third Person of the Blessed Trinity.

How astonishing! This means that in Confirmation we are not just learning more about God, not just going through a rite—we are entering into a much closer relationship with the Trinity. As Saint Paul points out, the Holy Spirit allows us to cry out "Abba" to God the Father, acknowledging God as Father as Jesus did (Romans 8:15). The Holy Spirit brings us into a stronger union with Christ, the fullness of God's revelation, and gives us the strength to proclaim his name boldly. Indeed, it is through the power of the Holy Spirit that we are able to worship the Father through the Son. In a wonderful way, then, our life becomes intimately bound up with the life of the Trinity. It is thus easy to understand why the Blessed Trinity lies at the center of Christian belief and of the Christian life.

If we truly understand this, then the words of Scripture come alive for us and the promise of Jesus to send us a Helper becomes real. Look at the words of Jesus and the words that have come down to us from the experience of the early Church.
The Spirit is:

- *Advocate* (John 14:16)
One who speaks on our behalf, defends us, comforts and consoles us

- *Spirit of truth* (John 14:17)
One who communicates God's truth, inspires the Scriptures, guides our faith journey

- *Spirit of glory* (1 Peter 4:14)
One who urges us on to the glory God has in store for us and who gives us the courage to share in Jesus' mission.

This is the Holy Spirit who is poured forth in us in Confirmation.

El viento y fuego

El lenguaje que la Iglesia usa para describir al Espíritu Santo es el lenguaje de la revelación de Dios a nosotros, el lenguaje de la Escritura y la tradición. *Espíritu* es una palabra muy interesante.

Símbolos

Como hemos visto el aliento, el viento y el fuego nos dicen algo sobre el Espíritu. En la Escritura y la liturgia, encontramos otros símbolos que dejan saber la presencia del Espíritu.

Nube y luz son signos de la presencia salvadora y gloriosa de Dios. En el Antiguo Testamento, los hebreos liberados de la esclavitud de Egipto, fueron dirigidos por Dios a través del desierto por una columna de nube durante el día y una columna de fuego durante la noche. Cuando Moisés fue a hablar con Dios en la tienda, una nube apareció en la entrada de la tienda. Después todo el pueblo fue a adorar en sus propias tiendas sabiendo que la presencia de Dios estaba con ellos. (Exodo 33:9–10)

En el Nuevo Testamento leemos que cuando Jesús fue transfigurado en la montaña, el Espíritu vino en una nube que lo cubrió. La nube era brillante y brilló sobre Jesús como una luz. (Mateo 17:1–8)

El día de la ascensión de Jesús, una nube lo tomó y lo elevó hasta que los discípulos no pudieron verlo. Un ángel apareció y les dijo que Jesús regresaría al final del mundo en la misma forma. (Hechos 1:9–11)

Nube y luz son símbolos recurrentes en la Biblia de la presencia salvadora del Espíritu Santo.

Es el nombre propio que Dios nos ha dado para la tercera Persona de la Santísima Trinidad. La palabra *Espíritu* es una traducción de una palabra hebrea que significa "aliento", "aire", "viento". El Espíritu Santo viene a nosotros como dador de vida, verdadero aliento de Dios, que es tan esencial para nuestra vida espiritual como es el aire para nuestra vida física.

En la tarde de la primera pascua, los discípulos se reunieron en un cuarto cerrado. Estaban sorprendidos por el sufrimiento y muerte de Jesús y confundidos por los rumores y mensajes de que él había resucitado y que había aparecido a María Magdalena y a otras mujeres. Entonces el Señor resucitado apareció entre ellos. Sopló sobre ellos diciendo: "Reciban el Espíritu Santo" (Juan 20:22). El soplo de Cristo que había vencido el miedo, el sufrimiento y la muerte misma movió las almas de los apóstoles a una nueva vida.

¿Recuerdas alguna experiencia en que sentiste la presencia del Espíritu de Dios soplando nueva vida en ti?

Un rico símbolo del Espíritu Santo es el fuego. El fuego sugiere calor, luz, energía, poder. El fuego cambia para siempre lo que toca; consume y da energía. Jesús dijo: "He venido a prender fuego a la tierra, y como desearía que ya estuviera ardiendo" (Lucas 12:49).

Esa fue su misión: transformar el mundo, encenderlo en el amor de Dios. Así que envió al Espíritu Santo sobre sus discípulos en forma de lenguas de fuego, llenándolos de celo, energía y valor para continuar su trabajo.

En el primer Pentecostés los discípulos habían estado rezando y esperando por el Espíritu que Jesús había prometido. A ellos les hacía falta el valor y la sabiduría que necesitaban para cumplir la misión de Jesús—hacer discípulos a todas las naciones. De repente, sin aviso, la casa en la que estaban reunidos se llenó del ruido de un viento fuerte, un viento que se llevó todo el temor y las dudas. Lenguas de fuego aparecieron sobre cada uno. "Y se llenaron de Espíritu Santo y empezaron a hablar diferentes lenguas, como el Espíritu le inspiraba a proclamar" (Hechos 2:4).

In Wind and Fire

The language the Church uses to describe the Holy Spirit is the language of God's revelation to us, the language of Scripture and tradition. *Spirit* is a most interesting word. It is the proper name given to us by God for the Third Person of the Blessed Trinity. The word *spirit* is a translation of the Hebrew word for "breath," "air," or "wind." The Holy Spirit comes to us as the Giver of Life, the very breath of God's life, which is as essential to our spiritual existence as air is essential to our physical life.

On the evening of the first Easter, the disciples were gathered together in a locked room. They were stunned by the events of Jesus' suffering and death and confused by wild rumors and messages that he had risen and appeared to Mary Magdalen and some women. Then the risen Jesus stood among them. He breathed on them and said, "Receive the holy Spirit" (John 20:22). The breath of Christ who had overcome fear and suffering and death itself stirred the souls of the apostles to new life.

Can you think of a time or an experience in which you felt the presence of God's Spirit breathing new life into you?

One rich symbol for the Holy Spirit is fire. Fire suggests warmth, light, energy, power. Fire changes forever what it touches; it consumes and it energizes. Jesus said, "I have come to set the earth on fire, and how I wish it were already blazing!" (Luke 12:49).

That was his mission: to transform the world, to set it on fire with God's love. And so he sent the Holy Spirit upon his disciples in flames of fire, filling them with zeal and energy and courage to continue his work.

At the first Pentecost the disciples had been praying and waiting for the Spirit whom Jesus had promised. They lacked the courage and the wisdom they needed to fulfill Jesus' mission—to make disciples of all nations. Suddenly, without warning, the house in which they had gathered was filled with the rush of a strong wind, a wind that would sweep their doubts and fears away. Then flaming

Symbol Talk

As we have seen breath, wind, and fire tell us of the Spirit. In the Scriptures and the liturgy, we find other symbols that make the Spirit's presence known.

Cloud and light are signs of God's saving presence and glory. In the Old Testament, the Hebrews, fleeing slavery in Egypt, were led by God through the desert with a column of cloud by day and a column of fire by night. When Moses went to speak to God in the meeting tent, a cloud would appear before the entrance to the tent. Then all the people would go and worship in their own tents knowing that God was present among them (Exodus 33:9–10).

In the New Testament we read that when Jesus was transfigured on the mountain, the Spirit came in a cloud that overshadowed him. The cloud was bright and shone like light on Jesus (Matthew 17:1–8).

On the day of Jesus' ascension a cloud took Jesus out of the sight of the disciples. An angel appeared and told them Jesus would return at the end of the world in the same way (Acts 1:9–11).

Cloud and light are recurring symbols in the Bible of the saving presence of the Holy Spirit.

tongues of fire appeared above each one. "And they were all filled with the holy Spirit and began to speak in different tongues, as the Spirit enabled them to proclaim" (Acts 2:4).

Como lo había prometido, Jesús derramó sobre ellos el Espíritu Santo, que había recibido del Padre. El Espíritu transformó a los discípulos en valientes evangelizadores que, en un sólo día, bautizaron tres mil nuevos cristianos. Hoy el Espíritu Santo continúa avivando la Iglesia: la Iglesia es avivada en el Espíritu Santo quien es derramado sobre todos sus miembros. El Espíritu Santo construye la Iglesia y la mantiene viva y dinámica. Ahora el mismo Espíritu viene a ti en la Confirmación, trayéndote los mismos dones que recibieron los discípulos y capacitándote, como a ellos, para ser testigo de Cristo.

El Espíritu en nosotros

¿Por qué somos confirmados? ¿Qué significa tener al Espíritu en nuestras vidas? Para tener una idea piensa de nuevo en que somos "sellados con el don del Espíritu". El Espíritu nos sella, nos cambia, nos transforma. Nos acercamos más a lo que Cristo nos ha llamado a hacer—parecernos a él. El Espíritu Santo nos prepara no sólo para entender la vida de Cristo sino para hacer la vida de Cristo nuestra propia vida.

Piensa en la actividad del Espíritu Santo en la vida de la Iglesia y en tu propia vida. Piensa, por ejemplo, en la misa. Escuchamos al sacerdote decir en la Liturgia de la Eucaristía: "santifiques por el mismo Espíritu estos dones" y nos damos cuenta de que el pan y el vino serán transformados. Se convertirán en el Cuerpo y la Sangre de Cristo. No lo vemos con nuestros ojos pero lo creemos por fe.

Una transformación va a tener lugar en tu vida. Cuando seas confirmado, serás cambiado, transformado por el poder del Espíritu Santo. ¿Cómo te darás cuenta de esta transformación? Por la gracia de la Confirmación verás que puedes resistir las presiones negativas de los compañeros y compartir la fe sin miedo o vergüenza.

¡Increíble! En la Confirmación, el Espíritu Santo te cubrirá para fortalecer la vida de Dios en ti y para llenarte de entusiasmo y energía para la misión de Cristo. Sin embargo, el Espíritu Santo no te obliga. Debes poner de tu parte—debes estar abierto a la presencia del Espíritu; debes cooperar con los dones que el Espíritu te trae y las obras que el Espíritu quiere que hagas. La Confirmación no produce madurez y santidad inmediatas. Lo que hace es darnos el poder, la energía de crecer y madurar día tras día, año tras año, para que finalmente alcancemos nuestro pleno potencial en Cristo.

As he had promised, Jesus poured forth upon them the Holy Spirit, whom he had received from the Father. And the Spirit transformed the disciples into fiery evangelizers who, on that amazing first day alone, baptized three thousand new Christians. Today the Holy Spirit still enlivens the Church: the Church is brought alive in the Holy Spirit, who is poured out on all the members of the Church. It is the Holy Spirit who builds the Church and keeps it vital and dynamic.

And now that same Spirit will come upon you in Confirmation bringing you the same gifts the disciples received and enabling you, as it enabled them, to be witnesses to Christ.

The Spirit in Us

So why are we confirmed? And what does it mean to have the Holy Spirit in our lives? To get a clue think again of the idea that we are "sealed with the Gift of the Spirit." The Spirit seals us; the Spirit changes us; the Spirit transforms us. We become more of what Christ calls us to be—like himself. The Holy Spirit enables us not only to understand Christ's life, but to make Christ's life our own.

Think of the activity of the Holy Spirit in the life of the Church and in your own life. Think, for example, of Mass. We hear the priest say in the Liturgy of the Eucharist, "Let your Spirit come

> ## Key Words
>
> **sacraments of initiation:** Baptism, Confirmation, Eucharist—the sacraments that initiate us as members of the Church.
>
> **Confirmation:** the sacrament that strengthens and continues Baptism; in this sacrament we are sealed with the Gift of the Holy Spirit.

upon these gifts" and we realize that the bread and wine will be transformed. They will become the Body and Blood of Christ. We do not see this with our eyes but know it in faith.

There is a transformation about to take place in your life. When you are confirmed, you will be changed, transformed, by the power of the Holy Spirit. How will you recognize this transformation? Through the grace of Confirmation you will find that you can have the courage to withstand negative peer pressure, and to share your faith without fear or embarrassment.

How amazing! In Confirmation the Holy Spirit will come upon you to strengthen God's life in you, and to fill you with enthusiasm and energy for Christ's mission. The Holy Spirit does not force you, however. You must do your part—you must be open to the presence of the Spirit; you must cooperate with the gifts the Spirit brings you and the work the Spirit wishes to accomplish in you. Confirmation does not produce immediate maturity and holiness. What it *does* do is give us the power, the energy to grow and mature day-by-day, year-by-year so as to finally reach our full potential in Christ.

La Iglesia y la Juventud

En un "Mensaje a los jóvenes", los obispos de los Estados Unidos expresaron su estima y respeto por los jóvenes en quienes ellos "ven el rostro de Dios". Exhortando a los jóvenes a reconocer su valor, los obispos dijeron: "Ustedes son creados a imagen y semejanza de Dios. Son amados por Dios y los demás".

Es en este gran amor, en el que pronto serás confirmado por el Espíritu Santo, de donde viene la acción. He aquí siete acciones que la Iglesia pide a los jóvenes emprender como testigos de Cristo.

✓ trabajar por la justicia y la paz;

✓ tratar a los demás con respeto;

✓ compartir su tiempo y talentos;

✓ ser reconciliador cuando surjan conflictos;

✓ ayudar a los amigos a hacer lo correcto;

✓ hacer amistad con los rechazados;

✓ aceptar a los que son diferentes.

Los obispos añaden: "No decimos que será fácil. Puede que sean mal interpretados y ridiculizados pero nunca estarán solos. Cristo y la comunidad cristiana caminan con ustedes".

¿Cuál de estas acciones estás tratando de hacer? ¿Has encontrado alguna crítica o has sido ridiculizado por tus acciones?

The Church & YOUth

In a "Message to Youth," the bishops of the United States expressed their esteem and respect for young people in whom they "see the face of God." Calling on young people to recognize their own value, the bishops said, "You are made in the image and likeness of God. You are loved by God and others!"

Out of this great love, in which you will soon be confirmed by the Holy Spirit, comes action. Here are seven actions the Church asks young people to undertake as witness to Christ:

✓ work for justice and peace;

✓ treat others with respect;

✓ share your time and talents;

✓ be a healer when conflicts arise;

✓ help friends do the right thing;

✓ befriend youth who are lonely;

✓ value those who are different.

The bishops added, "We're not saying it will be easy. You may be misunderstood and ridiculed at times but you will never be alone. Christ and the Christian community walk with you."

Which of these actions are you already trying to carry out in your life? Have you encountered any criticism or ridicule for your actions?

PEREGRINAJE

PUNTOS DE PARTIDA

¿Cómo explicarás el significado del Espíritu Santo en tu vida?

¿Qué cambios el Espíritu Santo tiene poder de hacer en nuestra vida durante la Confirmación?

Define:

sacramentos de iniciación: _____

Confirmación: _____

POINTS OF DEPARTURE

How would you explain the meaning of the Holy Spirit in our lives?

What changes does the Spirit have the power to make in our lives through Confirmation?

Define:

sacraments of initiation: _____

Confirmation: _____

SÍMBOLOS

¿Qué verdades sobre el Espíritu y la Confirmación comunican los símbolos de viento y fuego?

¿Cómo los símbolos de nube y luz aumentan tu conocimiento del Espíritu en tu vida?

Destino

Hablemos:
Como joven católico en la vía hacia la Confirmación, ¿qué harás para prepararte para "ser sellado con el don del Espíritu Santo"?

Escoge una de las siete acciones sugeridas por los obispos de los Estados Unidos en su "Mensaje a los jóvenes" en la que tienes que trabajar con más ahínco. Di por qué.

Destination Points

Let's discuss:

As a young Catholic on the road to Confirmation, what will you do to prepare to "be sealed with the Gift of the Holy Spirit"?

Choose one of the seven actions suggested by the U.S. bishops in their "Message to Youth" that you most need to work on. Tell why.

SYMBOLS ON THE MAP

What truths about the Spirit and Confirmation do the symbols of wind and fire communicate?

How does the symbol of cloud and light increase your understanding of the Spirit in your life?

NOTAS

Reflexión

La unción con aceite y las palabras *recibe el don del Espíritu Santo me* sellan por siempre como testigo del evangelio.

Mi Oración:

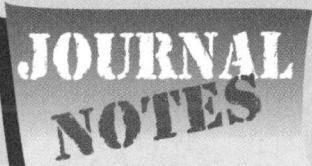

Espíritu Santo, sé que soy llamado a ser testigo de Cristo donde quiera que me encuentre. No es fácil. Necesito tu ayuda para

JOURNAL NOTES

Reflections

The anointing with oil and the words *Be sealed with the Gift of the Holy Spirit* mark me forever as a witness to the gospel.

My Prayer:

Holy Spirit, I know I am called to witness to Christ wherever I am. This isn't easy. I need your help to

Oración final

Padre de luz, envía tu Espíritu a nuestras vidas. Con el poder de un poderoso viento para que, por la llama de la sabiduría, abra los horizontes de nuestra mentes. Suelta nuestras lenguas para cantarte alabanzas, porque sin tu Espíritu nunca podremos elevar nuestras voces de paz o anunciar la verdad de que Jesús es el Señor.
Amén.

closing Prayer

Father of light,
send your Spirit into our lives.
With the power of a mighty wind
and by the flame of your wisdom
open the horizons of our minds.
Loosen our tongues to sing your praise,
for without your Spirit
we could never raise our voices
   in words of peace
or announce the truth that Jesus is Lord.
Amen.

En la fuerza de su amor

Espíritu de verdad prometido por Cristo, abre nuestras mentes y corazones para que podamos predicar la fe con palabras y acciones.

In the Strength of His Love

Spirit of truth promised by Christ,
open our minds and hearts
so that we may spread the faith
by word and action.

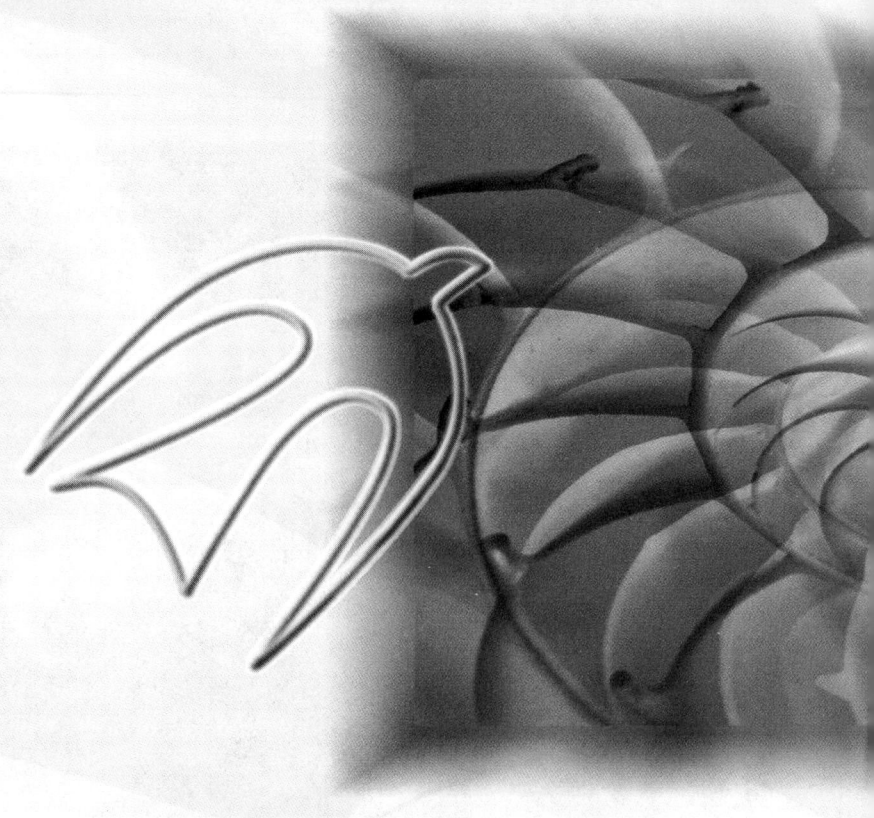

ORACION INICIAL

Canción de entrada: *(Use la canción que será cantada en la Confirmación.)*

Guía: En el nombre del Padre, y del Hijo, y del Espíritu Santo.

R/. Amén.

Guía: Vamos a dar gracias a Dios quien
nos envía al Espíritu Santo
para que more en nuestros corazones
y quien nos favorece de formas maravillosas.
Bendito sea Dios ahora y siempre.

R/. Amén.

Guía: Oremos. *(Silencio)*

Señor,
envía tu Santo Espíritu
para que nos fortalezca en tu amor para
alcanzar la altura de Cristo.
Te lo pedimos por Cristo, nuestro Señor.

R/. Amén.

LITURGIA DE LA PALABRA

Lectura: Hechos de los apóstoles 8:4–7, 14–17

Salmo responsorial: *(Use el salmo que será cantado en la Confirmación.)*

Aclamación del evangelio: *(Use la aclamación que será cantada en la Confirmación.)*

Evangelio: Marcos 10:13–16

Reflexión

BENDICION

(Los catequistas pasan al frente.)

Guía: En el día de tu Bautismo la
comunidad cristiana te dio la
bienvenida y prometió apoyarte en tu fe.
Recibe esta bendición sabiendo
que la comunidad te apoya en tu
camino de fe, reza para que crezcas
en la fortaleza de su amor.

R/. Amén.

~ OPENING PRAYER ~

Entrance Song: *(Use the entrance song that will be sung at Confirmation.)*

Leader: In the name of the Father, and of the Son, and of the Holy Spirit.

R/. Amen.

Leader: Brothers and sisters, give praise to God
who sends us the Holy Spirit
to live in our hearts and has favored us
in wonderful ways.
Blessed be God now and for ever.

R/. Amen.

Leader: Let us pray. *(Silence)*

Lord
send us your Holy Spirit
that we may grow in the strength of your love
to the full stature of Christ.
We ask this through Christ our Lord.

R/. Amen.

LITURGY OF THE WORD

Reading: Acts 8:4–7, 14–17

Responsorial Psalm: *(Use the responsorial psalm that will be sung at Confirmation.)*

Gospel Acclamation: *(Use the acclamation that will be sung at Confirmation.)*

Gospel: Mark 10:13–16

Reflection

BLESSING

(The catechist(s) for the candidates come forward.)

Leader: On the day of your Baptism
the Christian community welcomed
you with great joy
and promised to nourish and support
you in the faith.
As you receive this blessing,
know that our community supports you
in this journey of faith,
and prays that you will grow in the
strength of his love.

R/. Amen.

(Los que se están preparando para la Confirmación pasan al frente. Ofreciendo el saludo de la paz a cada candidato, el catequista reza la siguiente oración:)

(Nombre) En el Bautismo fuiste reclamado por Cristo. Que Dios te bendiga ahora y te ampare siempre.

R/. Amén.

Peticiones

Guía: Oremos a Dios nuestro Padre, unidos en la fe, la esperanza y el amor, que da su Espíritu. Nuestra respuesta será *Señor, escucha nuestra oración.*

1. Por estos confirmandos, para que puedan crecer fortalecidos en el amor de Dios, roguemos al Señor.

2. Para que la *sabiduría* se implante en nuestras vidas, roguemos al señor.

3. Por *inteligencia,* para que podamos amar a todo el mundo, roguemos al Señor.

4. Por *consejo* para tomar nuestras decisiones, roguemos al Señor.

5. Por *la fortaleza* de vivir nuestro mensaje evangélico en el mundo, roguemos al Señor.

6. Por *piedad* para ver a Dios en todo lo que hacemos, roguemos al Señor.

7. Por *reverencia,* para que podamos tratar a la creación de Dios con su amor y respeto, roguemos al Señor.

8. Por *temor de Dios* al estar en su presencia, para que podamos maravillarnos de su obra en el mundo, roguemos al Señor.

9. (Petición del grupo)

Guía: Dios, Padre nuestro,
enviaste al Espíritu Santo para darnos los dones de sabiduría, inteligencia consejo y fortaleza, ciencia, piedad y temor de Dios.
Que podamos apreciar el significado de estos dones en nuestras vidas hoy.
Te lo pedimos por Cristo, nuestro Señor.

R/. Amén.

Guía: Reunidos como cuerpo de Cristo, vamos a rezar las palabras que Jesús nos enseñó:

Todos: Padre nuestro . . . .

CONCLUSION

Guía: Oremos: *(Silencio)*

Dios de gracia,
Te pedimos los tesoros de la vida divina.
Abre nuestras mentes y corazones
para recibir estos dones y
así poder predicar la fe con palabras y
obras como verdaderos testigos de Cristo,
a atrevernos a confesar su nombre
en todo el mundo,
sin avergonzarnos de su cruz.

Te lo pedimos por Cristo, nuestro Señor.

R/. Amén.

Guía: *(Concluya signándose diciendo:)*
Que Dios Padre, con el Hijo y el Espíritu Santo, sea alabado y bendecido por los siglos de los siglos.

R/. Amén.

(Those preparing for Confirmation come forward. Extending a sign of peace to each candidate, the catechist(s) prays the following prayer.)

(N.) In Baptism you were claimed for Christ. May God bless you now and watch over you.

R/. Amen.

General Intercessions

Leader: Let us be one in prayer to God our Father as we are one in the faith, hope, and love his Spirit gives. Our response is *Lord, hear our prayer.*

1. For these sons and daughters of God, that they may grow in the strength of God's love, we pray to the Lord.

2. For the *wisdom* to see God's plan in our lives, we pray to the Lord.

3. For *understanding,* that we may learn to love all people, we pray to the Lord.

4. For *right judgment* in the choices we make in our lives, we pray to the Lord.

5. For the *courage* to live out the gospel message in the world, we pray to the Lord.

6. For the *knowledge* to see God in everything we do, we pray to the Lord.

7. For *reverence,* that we may treat everything that God has made with love and respect, we pray to the Lord.

8. For *wonder and awe* in God's presence, that we may marvel at the work of God's hands in this world, we pray to the Lord.

9. (Add your group petition.)

Leader: God our Father,
you sent your Holy Spirit to give us the gifts of wisdom and understanding,
right judgment and courage,
knowledge and reverence,
wonder and awe.
May we grow to appreciate the meaning of these gifts
in our lives each day.
We ask this through Christ our Lord.

R/. Amen.

Leader: Gathered as one body in Christ, let us pray in the words that Jesus gave us:

All: Our Father . . . .

CONCLUSION

Leader: Let us pray: *(Silence)*

O gracious God,
we pray for the treasures of divine life.
Open our minds and hearts
to receive these gifts
so that we may spread the faith by word
    and action,
as true witnesses of Christ,
confess the name of Christ boldly
    throughout the world,
and never be ashamed of his cross.

We ask this through Christ our Lord.

R/. Amen.

Leader: *(Concludes by signing himself or herself with the sign of the cross and saying:)*
May God the Father, with the Son and the Holy Spirit, be praised and blessed for ever and ever.

R/. Amen.

*A*bre nuestras mentes
y corazones . . .
y así poder predicar la fe con
palabras y obras como verdaderos
testigos de Cristo, a atrevernos a
confesar su nombre en todo el mundo
sin avergonzarnos de su cruz.

**Lea de nuevo las palabras de la oración. La
oración habla de las cosas que el
Espíritu Santo hace en nuestras vidas.
Encierra en un círculo cualquier palabra
o frase que te llame la atención.
¿Qué cree que significa "predicar la fe
con palabras y obras" y "atrevernos a
confesar su nombre"?**

Testigos de Cristo

Probablemente has descubierto ya que ser
discípulo de Jesús no es cosa fácil. Cuando Jesús
llamó a sus primeros discípulos fue bien claro
acerca de lo que esto les exigiría. También fue muy
claro al decir que aquellos que le siguieran, sin
importar el precio, tendrían vida plena. El les dijo:
"Si alguno quiere seguirme que se niegue a sí
mismo, que cargue con su cruz de cada día y me
siga. El que quiera asegurar su vida la perderá,
el que pierda su vida por causa mía, la asegurará"
(Lucas 9:23–24).

Puede que te estés preguntando: ¿tomar mi cruz?,
¿perder mi vida?, ¿qué quiere decir Jesús con eso?,
¿cómo una persona ordinaria como yo puede
hacer eso?, ¡imposible!

Lo maravilloso de esto es que no estamos solos.
Pertenecemos a la Iglesia, una comunidad
universal de creyentes y discípulos. Es el Espíritu
Santo quien nos fortalece y apoya, quien nos llena
de vida, energía y valor. Con la autoridad de
Cristo y el poder del Espíritu Santo, la Iglesia
santifica a sus miembros por medio de la
celebración de la liturgia y los sacramentos. Este
es el Espíritu que hace posible que seamos testigos
de Cristo y no tengamos miedo de vivir nuestra fe
abiertamente y no nos "avergoncemos de la cruz".

*¿Qué crees que puede hacer que alguien se
avergüence de la cruz? ¿Has estado en alguna
situación en la que encontraste difícil defender tu
creencia en Cristo?*

*O*pen our minds and hearts . . .
so that we may spread the faith
by word and action,
as true witnesses of Christ,
confess the name of Christ boldly
throughout the world,
and never be ashamed of his cross.

**Read again the words of our prayer.
The prayer speaks of the things the
Holy Spirit comes to do in our lives.
Circle any words or phrases that stand out
for you. What do you think it means to
"spread the faith by word and
action"? to "confess the name
of Jesus boldly"?**

Witnesses of Christ

You have probably discovered by now that being Jesus' disciple is not an easy thing. When Jesus called his first followers he was very clear about what discipleship would demand of them. He also made it clear that those who followed him, no matter how great the cost, would have fullness of life. He told them, "If anyone wishes to come after me, he must deny himself and take up his cross daily and follow me. For whoever wishes to save his life will lose it, but whoever loses his life for my sake will save it"(Luke 9:23–24).

You may be thinking right now: Take up my cross daily? Lose my life? What does Jesus mean? It's impossible! How can an ordinary person like me do this on my own?

The wonderful fact is that we are not on our own. We belong to the Church, a worldwide community of believers and disciples. It is the Holy Spirit who strengthens us and supports us, who fills us with life and energy and courage. With the authority of Christ and through the power of the Holy Spirit, the Church makes its members holy through the celebration of the liturgy and the sacraments. It is the Spirit who makes it possible for us to be witnesses to Christ and not be afraid, to live our faith openly and not be "ashamed of his cross."

What do you think might cause someone to be ashamed of the cross? Have you ever been in a situation in which you found it difficult to stand up for your belief in Christ?

47

Los dones que da el Espíritu

Desde el momento de Pentecostés hasta hoy, la comunidad de Jesucristo vive el evangelio y testifica, como lo pidió Jesús. Durante los tiempos de las persecuciones algunos discípulos testificaron con sus propias vidas. Durante todas las épocas y luchas, el Espíritu Santo guió y renovó la Iglesia, dirigiendo a sus miembros a ser verdaderos discípulos de Jesús.

El Espíritu Santo está con nosotros y durante la Confirmación vendrá a ti con los dones para fortalecerte para ser un verdadero discípulo de Jesucristo.

La realidad de la presencia especial del Espíritu Santo en nuestras vidas nos llega por medio de palabras poderosas y gestos en el sacramento de la Confirmación. Uno de estos gestos se remonta a siglos atrás. Este es llamado la *imposición de las manos.* Este acto simbólico tiene su origen en el Antiguo Testamento. Es un antiguo signo de bendición—una bendición especial que da autoridad y gracia en el nombre de Dios. En el Génesis, por ejemplo, desde su lecho de muerte Isaac impuso sus manos sobre la cabeza de su hijo pasando así la autoridad y responsabilidad del pueblo a Jacob. Este tipo de bendición fue un signo tan poderoso que sólo Dios podía cancelarlo o revocarlo.

La imposición de las manos era una práctica común también en los inicios de la Iglesia. Los apóstoles imponían sus manos en los primeros cristianos, pasándoles el don del Espíritu que habían recibido en Pentecostés.

En el rito de la Confirmación el obispo (o el sacerdote que lo representa) extiende sus manos sobre ti y pide al Espíritu Santo venir a ti con siete gracias o dones especiales.

El obispo dice:

Envía ahora sobre él el Espíritu Santo Paráclito; concédele espíritu de sabiduría y de entendimiento, espíritu de consejo y de fortaleza, espíritu de ciencia y de piedad, y cólmalo del espíritu de tu temor.

El Espíritu Santo no da estos beneficios como poderes absolutos que trabajan en nosotros queramos o no. Si fuera así, todo confirmado sería un santo. Se nos dan estos dones como gracia para que los usemos, alimentemos y desarrollemos. Son poderes estériles e inútiles a menos que los usemos con amor y servicio. ¿Cómo podemos empezar a hacer eso?

Las peticiones en la oración inicial de hoy nos dan algunas sugerencias.

Isaac Blessing Jacob, Jusepe de Ribera, (1588–1656)

The Gifts the Spirit Gives

From the moment of Pentecost right up to our own day, the community of Jesus Christ has lived the gospel and given witness to it, as Jesus asked. At times of persecution some disciples gave this witness with their very lives. But through every age and in each struggle, the Holy Spirit guided and renewed the Church, leading its members to be true disciples of Jesus.

The Holy Spirit is with us still and in Confirmation the Spirit will come to you with gifts to strengthen you to be true disciples of Jesus Christ.

The reality of the Holy Spirit's special presence in our lives is brought about by powerful words and gestures in the sacrament of Confirmation. One of these gestures goes back in time thousands and thousands of years. It is called the *laying of hands.* This symbolic act has its roots in the Old Testament. It is an ancient sign of blessing—a unique blessing that conveys authority and grace in God's name. In Genesis, for example, the dying Isaac lays his hands on his son's head, passing on to Jacob authority and responsibility for the whole people. This kind of blessing was such a powerful sign that it could not be cancelled or revoked except by God.

The laying of hands was a common practice in the early Church as well. The apostles laid their hands on the first Christians, passing on to them the Gift of the Spirit that they themselves had received at Pentecost.

In the rite of Confirmation the bishop (or a priest who represents the bishop) extends his hands over you and asks the Holy Spirit to come to you with seven special graces or gifts.

The bishop prays . . .

> Send your Holy Spirit upon them
> to be their Helper and Guide.
> Give them the spirit of wisdom and
>   understanding,
> the spirit of right judgment and courage,
> the spirit of knowledge and reverence.
> Fill them with the spirit of wonder and
> awe in your presence.

The Spirit does not give these gifts as full-blown powers that work in us whether we cooperate or not. If that were true, every confirmed person would be a saint! Rather, they are given to us as graces to be used and nurtured and developed. They are given us as powers in potential. That means they have to be activated by us. When we begin to use these powers in love, for the service of others, they grow stronger day by day.

The intercessions in today's opening prayer give some suggestions of ways we can do this.

Peticiones

Rezamos:

Por **sabiduría,** para ver y seguir el plan de Dios en nuestras vidas . . .

No siempre tenemos una idea clara de los detalles del plan de Dios para nosotros. Ejercemos el don de la sabiduría al estar atentos, por medio de la oración y de las experiencias de la vida, a la guía del Espíritu Santo. *¿Encuentro el Espíritu Santo en mis experiencias diarias?*

Por **inteligencia,** para que podamos amar a otros como lo pide Jesús. . .

Desarrollamos el don de inteligencia tratando de ver a otros por medio de los ojos de Cristo. Esto no es fácil. Requiere compasión, paciencia y generosidad. *¿Trato de ver a otros de esa forma?*

Por **consejo,** para tomar decisiones . . .

Hay decisiones y alternativas en la vida que necesitan atención seria, reflexión y oración. Estas tres cualidades son esenciales para el don de consejo. *¿Cómo trato de desarrollar mi conciencia?*

Por **fortaleza,** para ser testigo de la fe en Jesucristo. . .

El mensaje de Cristo, con mucha frecuencia, está en contra de los valores del mundo. Vivir y proclamar el evangelio es arriesgarse a ser menospreciado y ridiculizado. Para esto se necesita fortaleza. *¿Has ido contra la corriente para testificar los valores de Cristo?*

Por **ciencia** de Dios, que nos dirige hacia la sabiduría y el entendimiento . . .

No podemos proclamar lo que no sabemos. El don de ciencia nos ayuda a ejercitar nuestra mente para conocer el plan de Dios para nosotros. *¿Haces un esfuerzo para aprender sobre los asuntos y retos de los tiempos para tomar decisiones cristianas?*

Por **piedad,** para tratar con respeto y amor a toda la creación de Dios . . .

El creer en la presencia de Dios en toda la creación nos lleva a reverenciar—el don que nos ayuda a descubrir lo sagrado en todas las cosas. *¿Trato a los seres humanos y a toda la creación con amor y respeto?*

Por **temor de Dios,** para que podamos glorificarlo en todas sus maravillas. . .

Por el don del temor de Dios es que reconocemos y nos regocijamos en la gloria de Dios—su presencia y amor —llenando toda la creación. *¿Tengo tiempo en mi vida para orar y adorar? ¿Me asombro de las maravillas de la creación de Dios?*

Los dones del Espíritu Santo son gracias que nos fortalecen para vivir moralmente. Estas gracias nos ayudan a estar prestos para escucharle. Es una bendición que el Espíritu Santo ricamente nos da las fuerzas necesarias para seguir a Cristo.

 **Intercessions**

We pray:

For **wisdom** to see and follow God's plan in our lives . . .

We do not always have a clear idea of the details of God's plan for us. We exercise the gift of wisdom by being attentive, through prayer and the experiences of life, to the guidance of the Holy Spirit. *Do I find the Holy Spirit in the experiences of my daily life?*

For **understanding** that we may love others as Jesus asks . . .

We develop the gift of understanding by trying to see others through the eyes of Christ. This is not easy to do. It demands compassion, patience, and generosity. *Do I try to look at others in this way?*

For **right judgment** in the choices we make . . .

There are choices and decisions in life that require serious attention, reflection, and prayer. These three qualities are essential to the gift of right judgment. *How am I trying to develop my conscience?*

For **courage** to witness to our faith in Jesus Christ . . .

Christ's message so often goes against the prevailing values of our world. To live and proclaim the gospel is to risk contempt and ridicule. It does indeed take the Spirit's gift of courage. *Do I risk going against the crowd to witness to the values of Jesus?*

For **knowledge** of God, which leads, in turn, to wisdom and understanding . . .

We cannot proclaim what we do not know. The gift of knowledge urges us to exercise our mind and will to learn God's plan for us and for the world. *Do I make the effort to learn about the issues and challenges of the times in order to make Christian decisions about them?*

For **reverence** that we may treat everyone and everything God has made with love and respect . . .

Belief in God's presence to all creation draws us into reverence—the gift that helps us find the sacred in all things. *Do I treat my brothers and sisters and all creation with love and respect?*

For **wonder and awe** that we may glorify God in all his marvelous works . . .

Through the gift of wonder and awe we recognize and rejoice in God's glory—his presence and love—filling all creation. *Is there time for prayer and worship in my life? Do I marvel at the wonders of God's creation?*

These gifts of the Holy Spirit are graces that give us the strength to live the moral life. Because of these graces, we are open to follow the promptings of the Holy Spirit. How blessed we are that the Holy Spirit so richly provides us with the strength needed to be followers of Christ.

 *De nuevo lea Hechos de los Apóstoles 8:14–17 que escucharon en la oración de hoy. ¿Por qué Pedro y Juan visitaron a los nuevos bautizados de Samaria?*

Unidos en Cristo

Como candidatos para el sacramento de la Confirmación has sido llamado a aceptar otras responsabilidades. Los miembros confirmados de la Iglesia tienen que estar conscientes de estas obligaciones:

• asistir a misa los domingos y días de preceptos
• compartir su fe con otros
• aprender más sobre la Iglesia
• querer alcanzar la santidad
• vivir una vida moral.

¿Qué quiere decir vivir una vida moral? Vivimos una vida moral y tratamos de alcanzar la santidad aceptando libremente vivir la vida de gracia que Dios nos ha dado. Tenemos que formar nuestra conciencia, que nos indica lo bueno y lo malo. Debemos seguirla y formarla de acuerdo a la ley de Dios y las enseñanzas de la Iglesia.

Recuerda que no estás solo; perteneces al cuerpo de Cristo, la Iglesia. La Iglesia enseña con autoridad porque Jesús prometió a los apóstoles que el Espíritu Santo les recordaría todo lo que él les había enseñado. El Espíritu Santo continúa guiando hoy a los sucesores de los apóstoles, el papa y los obispos en comunión con él. Cristo les ha dado el poder de actuar en su nombre.

Jesús pide cosas difíciles a sus seguidores, pero también promete gozo y vida plena a los que no se avergüenzan de su cruz. San Pablo habló de la cruz a los primeros cristianos. El les dijo que en vez de avergonzarse de la cruz "proclamaran al Cristo crucificado". Pablo dijo también que cuando se juzga a la cruz por los valores del mundo es una "piedra de tropiezo", pero que a los ojos de los creyentes es el paso a la santidad y al gozo (1 Corintios 1:23).

La cruz estará siempre presente en nuestra vida. Necesitaremos del Espíritu Santo para mantener nuestra fe fuerte cuando el creer no es popular. Necesitaremos la fortaleza del Espíritu Santo para vivir los valores cristianos cuando el mundo nos diga que estos son estúpidos. ¿Cómo responderemos, por ejemplo, cuando el mundo nos diga que es tonto preocuparse por los necesitados, por los pobres, los ancianos, los no nacidos, los enfermos? Es en esos momentos que en verdad sabemos lo que es estar avergonzado de la cruz.

 *Aquí tienes algo para hacer en privado. Escribe en un papel una cruz que siente estás cargando en estos momentos. Nómbrala lo más claro que puedas. Después pide al Espíritu Santo te ayude a entender lo que debes hacer y que te dé la fuerza para hacerlo.*

Read again Acts 8:14–17 that you heard in today's prayer. Why did Peter and John go to the newly baptized in Samaria?

United in Christ

As candidates for the sacrament of Confirmation you are being called to new and more challenging responsibilities. As confirmed members of the Church you must be aware of these obligations. These include:

- participating at Mass on Sundays and holydays
- sharing the faith with others
- learning more about the Church and all its members
- striving for holiness
- living a moral life.

What does it mean to live a moral life? We live a moral life and strive for holiness by freely choosing to live the life of grace given us by God. We have to form our *conscience,* the most basic awareness in us

of what is right or wrong. Everyone must follow his or her conscience and form it according to God's law and the teachings of the Church.

Remember that you are not alone; you belong to Christ's body, the Church. The Church teaches with authority because Jesus promised the apostles that the Holy Spirit would call to their minds all that Jesus had taught them. The Holy Spirit continues to guide the successors of the apostles today, the pope and the bishops in communion with him. Christ has given them the power to act in his name.

Jesus does ask difficult things of his followers, but he also promises joy and fullness of life for those who are not ashamed of his cross. The sign of the Christian is the sign of the cross. Saint Paul spoke of the cross to the early Christians. He told them that rather than being ashamed of the cross, we are to "proclaim Christ crucified." Paul went on to say that the cross, when judged by the values of the world is a "stumbling block" but to the eyes of the believer it is the path to holiness and joy (1 Corinthians 1:23).

The reality is that the cross will be present throughout our lives. We will need the Holy Spirit to keep our faith strong when belief is not popular. We will need the Spirit's strength to live the values of Christ when the world says such values are foolish. How do we respond, for example, when the world says it is foolish to care for the needs of the poor, the elderly, the unborn, the terminally ill? It is at times like these when we will truly know what it takes not to be ashamed of his cross.

Here is something to do privately. Write down one cross that you feel you are being asked to carry right now. Name it as clearly as you can. Then ask the Holy Spirit to help you understand what you must do and to give you the strength to do it.

El Papa y la juventud

¿Cómo podemos ser discípulos de Jesús y sus testigos en el mundo? El Santo Padre te exhorta:

Apreciados jóvenes, su peregrinar no termina aquí. El tiempo no se detiene. Vayan por los caminos del mundo, junto a la humanidad, mientras siguen unidos a la Iglesia de Cristo.

Sigan contemplando la gloria y el amor de Dios y recibirán la luz necesaria para construir la civilización de amor, para ayudar a nuestros hermanos y hermanas a ver el mundo transfigurado por la eterna sabiduría y el amor de Dios.

Sean fieles al Bautismo que han recibido. Sean testigos del evangelio.

¿Cómo has aceptado el reto de Jesús para ser su discípulo? ¿Cómo afectará tu vida?

Términos claves

dones del Espíritu Santo: sabiduría, inteligencia, consejo, fortaleza, ciencia, piedad, temor de Dios

"Journey of Hope," youth rally at the Skydome in Toronto, May, 1993

The Pope & YOUth

How can we be disciples of Jesus and witnesses to him in the world? The Holy Father urges you:

Dear young people, your journey does not end here. Time does not come to a halt. Go forth now along the roads of the world, along the pathways of humanity, while remaining ever united in Christ's Church!

Continue to contemplate God's glory and God's love, and you will receive the enlightenment needed to build the civilization of love, to help our brothers and sisters to see the world transfigured by God's eternal wisdom and love.

Be faithful to the Baptism you have received! Be witnesses to the gospel!

How have you accepted Jesus challenge to be his disciple? How will it affect your life right now?

Key Words

gifts of the Holy Spirit: wisdom, understanding, right judgment, courage, knowledge, reverence, wonder and awe

PEREGRINAJE

PUNTOS DE PARTIDA

¿Qué cambios puede traer a tu vida la Confirmación?

POINTS OF DEPARTURE

What changes can Confirmation bring about in my life?

SIMBOLOS

¿Qué significa la imposición de las manos en la Confirmación?

Destino

Hablemos:

¿Qué dones del Espíritu Santo tienen más valor para ti en estos momentos?

¿Cómo tratas de usarlos para ti y para otros?

SYMBOLS ON THE MAP

What does the laying on of hands signify in Confirmation?

Destination Points

Let's discuss:

Which gifts of the Holy Spirit seem to have the most value to you now? How do you try to use them for yourself and others?

NOTAS

Reflexión

El Espíritu Santo viene a mí durante la Confirmación con siete gracias especiales y dones que son la fuente de valor y fortaleza en mi vida.

Mi Oración:

Espíritu Santo, está claro que debo usar estos dones. Te pido me llenes de celo y valor para que

JOURNAL NOTES

Reflections

The Holy Spirit comes to me in Confirmation with seven special graces and gifts that are the sources of strength and courage in my life.

My Prayer:

Holy Spirit, it's clear to me that I am to use these gifts. I ask you to fill me with zeal and courage so that

Oración final

Padre santo, derrama sobre nosotros tu Espíritu, para que todos viviendo una misma fe y creciendo en el amor, lleguemos a la madurez de la plenitud de Cristo, nuestro Señor, que vive y reina por los siglos de los siglos.
Amén.

Rito de Confirmación

closing Prayer

Lord,
send us your Holy Spirit
to help us walk in unity of faith
and grow in the strength of his love
to the full stature of Christ,
who lives and reigns with you
and the Holy Spirit,
one God, for ever and ever.
Amen.

The Rite of Confirmation

Óleo de salvación

Padre amoroso,
nos diste el óleo de salvación
para hacernos semejantes
a Cristo, tu Hijo.

Rito de Confirmación

The Oil of Salvation

Loving Father,
you give us the oil of salvation
to transform us into the likeness
of Christ your Son.
The Rite of Confirmation

ORACION INICIAL

Canción de entrada: *(Use la canción que será cantada en la Confirmación.)*

Guía: En el nombre del Padre, y del Hijo, y del Espíritu Santo.

R/. Amén.

Guía: *(salude a los presentes con las siguientes palabras:)*
Alabemos a Dios quien nos envía al Espíritu Santo para que more en nuestros corazones y quien nos favorece de formas maravillosas. Bendito sea Dios ahora y siempre.

R/. Amén.

Guía: Oremos. *(Silencio)*

Dios de salvación,
enviaste a tu ungido al mundo para traer
buenas nuevas a los pobres,
libertad a los cautivos,
vista a los ciegos y
libertad a los oprimidos.
Ayúdanos a continuar el trabajo de tu ungido,
y ser sus fieles testigos en el mundo.
Te lo pedimos por Cristo, nuestro Señor.

R/. Amén.

LITURGIA DE LA PALABRA

Lectura: Isaías 61:1–3a, 6a, 8b–9

Salmo responsorial: *(Use el Salmo que será cantado en la Confirmación.)*

Aclamación del evangelio: *(Use la aclamación que será cantada en la Confirmación.)*

Evangelio: Lucas 4:16–22a

Reflexión

PROCESION CON EL CRISMA

(El crisma debe llevarse en procesión solemne mientras se canta una canción apropiada. Debe colocarse en una mesa que ha sido preparada para ello en el santuario.)

Guía: Traemos el santo crisma
que fue consagrado por
los obispos durante la misa del
crisma y presentado a las
parroquias locales.
Con el óleo del catecumenado
y el óleo de los enfermos.
A todos los que han sido ungidos con el
Espíritu Santo
y a los que han nacido de nuevo en el
Bautismo se les ha dado la fuerza y han
sido hechos semejantes a Cristo.

OPENING PRAYER

Entrance Song: *(Use the entrance song that will be sung at Confirmation.)*

Leader: In the name of the Father, and of the Son, and of the Holy Spirit.

R/. Amen.

Leader: *(greets those present in the following words)* Brothers and sisters, give praise to God who sends us the Holy Spirit to live in our hearts and has favored us in wonderful ways. Blessed be God now and for ever.

R/. Amen.

Leader: Let us pray. *(Silence)*

God of salvation,
you sent your anointed One into the world
to bring glad tidings to the poor,
liberty to captives,
sight to the blind,
and freedom for the oppressed.
Help us to continue the work
of your anointed One,
and be faithful witnesses to him in this world.
We ask this through Christ our Lord.

R/. Amen.

LITURGY OF THE WORD

Reading: Isaiah 61:1–3a, 6a, 8b–9

Responsorial Psalm: *(Use the responsorial psalm that will be sung at Confirmation.)*

Gospel Acclamation: *(Use the acclamation that will be sung at Confirmation.)*

Gospel: Luke 4:16–22a

Reflection

CHRISM PROCESSION

(The chrism may be brought forward in solemn procession while an appropriate song is sung. It should be placed on a suitably prepared table in the sanctuary.)

Leader: We bring forth the holy chrism,
which was consecrated by our bishop
during the Chrism Mass
and presented to this local parish
community
with the oil of catechumens and the
oil of the sick.
All who are anointed with the Holy
Spirit
and have been born again in Baptism
are given strength and are transformed
into the likeness of Christ.

Peticiones

Guía: Jesús fue ungido como sacerdote, profeta y rey. También nosotros somos ungidos en su nombre y compartimos su misión. Como miembros de su cuerpo vamos a rezar por las necesidades del pueblo de Dios. Nuestra respuesta será: *Señor, escucha nuestra oración.*

1. Por los que se están preparando para el Bautismo, para que el ser ungidos con el óleo del catecumenado aumente su entendimiento del evangelio y les dé valor para aceptar el reto de vivir como cristianos. Roguemos al Señor.

2. Por los enfermos que han sido ungidos con el santo óleo, para que sanen en cuerpo, alma y espíritu. Roguemos al Señor.

3. Por los que fueron ungidos con el santo crisma en el Bautismo, para que se mantengan como templos de tu gloria y vidas radiantes con gozo. Roguemos al Señor.

4. Por los que han sido ungidos en el sacerdocio al servicio de la Iglesia, para que sean fieles testigos en el mundo. Roguemos al Señor.

5. Por los que se están preparando para la Confirmación, para que se llenen de la rica fragancia de Cristo. Roguemos al Señor.

6. Por todos los reunidos para alabar con los ungidos, para que sean piedras vivas avivadas por el Espíritu y unidas con amor. Roguemos al Señor.

7. (Petición del grupo.)

Guía: Dios poderoso,
nos diste el óleo de salvación
para hacernos semejantes a Cristo,
   tu Hijo.
Escucha las oraciones que de todo corazón
   te ofrecemos,
nunca abandones a tu pueblo que
   comparte tu vida
Te lo pedimos por Cristo, nuestro Señor.

R/. Amén.

Guía: Reunidos como el cuerpo de Cristo, vamos a orar con las palabras que Jesús nos enseñó:

Todos: Padre nuestro . . . .

CONCLUSION

Guía: Oremos: *(Silencio)*

Dios de misericordia y amor,
del fruto del olivo nos diste el
aceite para el santo crisma, y
por este signo nos das vida y amor.
Abre nuestros corazones para que
seamos semejantes a Cristo, tu Hijo,
y así podamos compartir en su obra
real de sacerdote y profeta.
Te lo pedimos por Jesucristo,
nuestro Señor.

R/. Amén.

Guía: *(Concluya signándose al tiempo que dice:)*
Que Dios el Padre, con el Hijo y el Espíritu Santo, sea alabado y bendecido por los siglos de los siglos.

R/. Amén.

General Intercessions

Leader: Christ was anointed priest, prophet, and king. We, too, are anointed in his name and share in his mission. As members of his body let us pray for the needs of all God's people. Our response will be: *Lord, hear our prayer.*

1. For those preparing for Baptism: May their anointing with the oil of catechumens deepen their understanding of the gospel and encourage them to accept the challenge of Christian living. We pray to the Lord.

2. For those who are seriously ill and have been anointed with the oil of the sick, that they may be healed in body, soul, and spirit. We pray to the Lord.

3. For those who were anointed with the oil of chrism at Baptism, that they may remain as temples of your glory and live radiant with joy. We pray to the Lord.

4. For those who have been anointed into the priestly service of the Church, that they may remain faithful witnesses in the world. We pray to the Lord.

5. For those preparing for Confirmation, that they may be filled with the rich fragrance of Christ. We pray to the Lord.

6. For all those who gather to worship within the walls anointed with oil, that they may be as living stones enlivened by the Spirit and cemented together with love. We pray to the Lord.

7. (Add your group petition.)

Leader: God of power,
    you give us the oil of salvation
    to transform us into the likeness of Christ
        your Son.
    Hear the prayers we offer with all our
        hearts,
    and never abandon the people who share
        your life.
    We ask this through Christ our Lord.

R/. Amen.

Leader: Gathered as one body in Christ, let us pray in the words that Jesus gave us:

All: Our Father . . . .

CONCLUSION

Leader: Let us pray: *(Silence)*

God of mercy and love,
from the fruit of the olive tree
you give us the oil for holy chrism,
and through this sign,
you give us your life and love.
Open our hearts to be transformed
into the likeness of Christ your Son
so that we may share in his royal,
priestly, and prophetic work.
We ask this through Christ our Lord.

R/. Amen.

Leader: *(Concludes by signing himself or herself with the sign of the cross and saying:)*
    May God the Father, with the Son and the Holy Spirit, be praised and blessed for ever and ever.

R/. Amen.

$\mathcal{C}$uando escuchas la palabra *aceite*, ¿qué imágenes, experiencias, olores, sabores, o propiedades físicas te vienen a la mente?

Junto con un compañero, escribe 5 respuestas en los próximos tres minutos. (Puede que te sorprendas al encontrar más de cinco cosas en este corto tiempo). Comparte tu lista.

Un artículo caro

El aceite es tan común que raras veces pensamos en él. Sólo cuando empezamos a hacer una lista de sus usos nos damos cuenta cuanto dependemos de esta sustancia. Mira algunos de sus usos en esta lista:

- aceite de cocinar humedece y da sabor

- aceite de pulir preserva la madera

- aceite de bebé, aceite de baño nutren y protegen la piel

- aceite nutritivo elimina las impurezas y conserva el cabello y la piel

- aceite medicinal lubrica los músculos, mejora y cura las heridas.

El valor y la importancia del aceite no es un descubrimiento moderno. Su importancia para la raza humana data de miles de años. Desde el inicio de los tiempos el aceite se ha usado para alumbrar, nutrir, sanar y suavizar. El aceite es tan esencial para el desarrollo humano que se puede decir que sin él, la vida en la antigüedad no hubiera sido posible.

No es de dudar, entonces, que lo que ha sido tan importante para la preservación y desarrollo de la vida física también tenga gran importancia en las expresiones de las realidades espirituales.

*W*hen you hear the word *oil,* what images, experiences, aromas, tastes, or physical properties come to mind?

With a partner, list 5 responses in the next three minutes. (You may surprise yourself and come up with more than 5 items in this brief brainstorming session.) Share your lists.

A Precious Commodity

Oil is so common in our lives that we rarely give it a thought. Only when we start to list its uses do we realize how much we depend on this substance. Look at some of the uses you listed:

- cooking oil for moistening, and flavoring;

- polishing oil for preserving wood furniture and floors;

- baby oil, beauty oil, and suntan oils for moisturing and protecting skin;

- nutritional oil for eliminating impurities, preserving skin and hair;

- medicinal oil for limbering muscles, treating wounds, promoting healing.

The value and importance of oil is not a modern discovery. Its significance to the human race goes back thousands and thousands of years. From very early times oil was used for lighting, for nourishment, for healing, for soothing. Oil became so essential to human development that it is safe to say that, without it, life in ancient times would not have been possible.

No wonder, then, that what had become so precious in the preservation and development of physical life would also become a profound expression of spiritual realities as well.

Escogido para ser ungido

En el Antiguo Testamento encontramos muchos incidentes en que se unge con aceite. El aceite es un signo de abundancia y gozo; relaja y limpia; alivia y "el ungido irradia belleza, santidad y fuerza" (*Catecismo de la Iglesia Católica*, 1293). El aceite era usado para ungir a los reyes, a los profetas y a los sacerdotes escogidos por Dios para dirigir y guiar al pueblo. El aceite simbolizaba el deseo de Dios de bendecir, sanar y consagrar, o elegir para una obra sagrada. La unción con aceite significaba que Dios estaría con esa persona de manera especial.

¿Recuerdas la historia de David, el joven pastor de Belén? Es contada en 1 de Samuel 16:1–13. Saúl, el rey de Israel, había sido rechazado por Dios porque se había alejado de la ley de Dios. El Señor pidió al profeta Samuel ignorar a Saúl e ir donde un señor llamado Jesé quien tenía muchos hijos. El Señor dice a Samuel que escoja a uno de ellos para ser el rey que sustituirá a Saúl.

Un pastor cuidando sus oveias en las afueras de Belén

Samuel fue a Belén y se encontró con Jesé y sus siete hijos. Jesé presentó sus hijos a Samuel pero el Señor rechazó a todos y cada uno, diciendo al profeta que las apariencias no contaban y que mirara al corazón.

Finalmente Samuel preguntó a Jesé si no tenía otros hijos. Jesé le contestó que su hijo más pequeño, David, estaba en el campo cuidando las ovejas. "Manda por él", dijo Samuel. Jesé envió por David y el joven vino y se paró frente a Samuel.

Y Yavé dijo: "Levántate y conságralo con aceite, porque es este". Tomó Samuel el cuerno de aceite y lo ungió en medio de sus hermanos y el espíritu de Yavé permaneció sobre David.

David fue fiel al llamado de Dios, lleno de sabiduría y valor, se convirtió en un gran rey. El no fue perfecto, por supuesto, pero el Espíritu de Dios le ayudó a usar sus dones y talentos al servicio de Dios. No fue una casualidad que David se convirtiera en antepasado de Jesús, el Mesías prometido.

Detengámonos un minuto y reflexionemos en esta historia bíblica. Siéntate en silencio, respira lenta y profundamente. Trata de estar consciente de que el Espíritu de Dios está contigo y dentro de ti. Escucha la historia nuevamente.

Imagina que eres David. Estás en el campo cuidando del rebaño de tu padre. Como el menor de la familia probablemente te dan las tareas que los mayores no quieren hacer. Te pasas todo el día cuidando de que no le pase nada a las ovejas. (Una vez hasta mataste un león montañés). En tiempo de tranquilidad compones canciones y tocas el arpa (instrumento familia de la guitarra).

Un día, cuando menos lo esperabas, tu padre te pide regresar a la casa y te presenta al gran profeta Samuel, quien derrama aceite sobre tu cabeza. Puedes sentir el aceite en tus cabellos y correr por tu cara. El profeta anuncia que Dios te ha escogido para ser el rey de Israel.

¿Cuál es tu reacción cuando Samuel te unge? ¿Entiendes lo que está pasando? ¿Qué sientes mientras el Espíritu de Dios "corre dentro de ti"?

No hay duda de porque la Iglesia atesora esta historia de la Escritura. Con cuanta claridad nos recuerda el significado del santo óleo como signo sacramental de la Iglesia.

Al reconocer que pronto serás ungido con aceite en la Confirmación, toma un momento para decir a Dios lo que significa para ti haber sido escogido por él para servirle. Escribe tu oración aquí.

Chosen and Anointed

In the Old Testament we find many incidents involving anointing with oil. Oil is a sign of abundance and joy; it relaxes and cleanses; it soothes and "makes radiant with beauty, health, and strength" (*Catechism*, 1293). That is why oil was used to anoint the kings, prophets, and priests who were chosen by God to lead and guide the people. The oil symbolized God's desire to bless, heal, and consecrate, or set apart for a sacred work. Anointing with oil signified that God would be with that person in a special way.

Do you remember the story of David, the young shepherd of Bethlehem? It is told in 1 Samuel 16:1–13. Saul, the first king of Israel, has been rejected by God because he has turned away from God's law. The Lord tells the prophet Samuel to ignore Saul and to go instead to a man in Bethlehem called Jesse who has many sons. The Lord tells Samuel that he has chosen one of them to be king in Saul's place.

So Samuel went to Bethlehem and met with Jesse and seven of his sons.

Jesse introduced his sons to Samuel but the Lord rejected each one, telling the prophet that appearances are not what counts; he must look at the heart.

Finally Samuel asked Jesse if he had any more sons. Jesse replied that his youngest son, David, was out in the fields tending the sheep. "Send for him," Samuel said. Jesse sent for David and the young man came and stood before Samuel.

> The LORD said, "There—anoint him, for this is he!" Then Samuel, with the horn of oil in hand, anointed him in the midst of his brothers; and from that day on, the spirit of the LORD rushed upon David.

David was faithful to God's call and, filled with wisdom and courage, became a great king. He wasn't perfect, of course, but the Spirit of God helped him to use his gifts and talents in God's service. It is not by chance that David became the ancestor of Jesus, the promised Messiah.

Let's pause for a minute and reflect on this Scripture story. Sit as quietly as you can; breathe deeply and slowly. Try to become aware of the Spirit of God who is with you and within you. Listen as the story is read again.

Imagine you are David. You are out in the fields taking care of your father's flock. As the youngest in the family you probably get the chores that your older brothers don't want! You spend your days protecting the sheep from dangers, especially predators. (You even killed a mountain lion once!) During quieter moments you make up songs and play them on your harp (an ancestor of the guitar).

One day out of the blue you are summoned home by your father and presented to the great prophet Samuel. Samuel pours oil on your head; you can feel it in your hair and streaming down your face. The prophet announces that God has chosen you to be king of Israel!

What is your reaction as Samuel anoints you with oil? Do you understand right away what is happening? What do you feel as the Spirit of God "rushes in on you"?

No wonder that the Church treasures this story from sacred Scripture! How clearly it reminds us of the significance of holy oil is as a sacramental sign in the Church.

 *Recognizing that you will soon be anointed with holy oil in Confirmation, take a moment now to tell God what it means to you to be chosen by God for his service. Write your prayer here.*

Signo del Espíritu

A través de los años la Iglesia ha continuado esta tradición de ungir con aceite como señal de bendición, sanación y consagración. El aceite es identificado grandemente con el don del Espíritu que es considerado signo de la presencia del Espíritu. Durante la Confirmación el obispo pondrá su mano derecha sobre tu frente haciendo la señal de la cruz y diciendo: "Recibe por esta señal el don del Espíritu Santo". En ese momento el Espíritu Santo se "derramará" sobre ti de la misma manera que lo hizo con los apóstoles el día de Pentecostés.

Unción con aceite es un signo esencial del sacramento de la Confirmación. Por esta unción recibirás la "marca" indeleble, el sello del Espíritu Santo. El sello del Espíritu te marca como pertenencia de Cristo y como alguien que comparte completamente su misión.

El aceite que se usa en la Confirmación es llamado crisma. *Crisma* es un aceite oloroso extraído de aceitunas y mezclado con bálsamo. Es consagrado por el obispo en la Misa del Santo Crisma durante la Semana Santa. El obispo bendice el aceite extendiendo sus manos y rezando para que la unción con aceite fortalezca y lleve gozo pleno. Concluye:

> Por tanto, te pedimos Señor que mediante el poder de tu gracia hagas que esta mezcla de aceite y perfume sea para nosotros instrumento y signo de tus bendiciones; derrama sobre nuestros hermanos, cuando sean ungidos con este crisma, la abundancia de los dones del Espíritu Santo, y que los lugares y objetos consagrados por este oleo sean para tu pueblo motivo de santificación.

Bendición de los aceites y el crisma

La unción con crisma durante la Confirmación es el signo sacramental de que el Espíritu Santo está con nosotros, ayudándonos a ser fieles discípulos y autorizándonos a compartir más de lleno la misión de Jesucristo. Este sello del Espíritu, sin embargo, no es mágico; ni automático. Requiere nuestra cooperación, nuestra voluntad de seguir a Cristo y de aceptar las responsabilidades de liderazgo.

Tal como con David, tu unción llega con los dones y las responsabilidades. Hablamos sobre los dones; ¿qué crees son las responsabilidades de alguien que ha sido sellado con el don del Espíritu?

Símbolos

Unción con aceite significa la presencia del Espíritu Santo. Es el signo sacramental de la Confirmación, el segundo sacramento de iniciación. Unción con crisma, junto con la imposición de las manos, comunican el don del Espíritu y el sello indeleble de Jesús en aquel a quien él ha elegido para ser su discípulo.

En la misa del Santo Crisma el obispo también bendice otros dos aceites. El *aceite para los enfermos* que es usado en el sacramento de Unción de los Enfermos. El *aceite para los catecúmenos* es usado al inicio de la preparación para los sacramentos de iniciación en la Vigilia Pascual.

A Sign of the Spirit

Down through the ages the Church has continued this tradition of anointing with fragrant oil as a sign of blessing, healing, and consecration. Oil is so closely identified with the Gift of the Spirit that it is considered a sign of the Spirit's presence. In confirming you the bishop will place his right hand on your head and with his thumb he will anoint your forehead with the sign of the cross saying, "Receive the Gift of the Holy Spirit." At that moment the Holy Spirit will "rush" upon you just as it did upon the apostles at Pentecost.

Anointing with oil is the essential sacramental sign of Confirmation. By this anointing you will receive the indelible "mark," the seal of the Holy Spirit. The seal of the Holy Spirit marks you as belonging completely to Christ and as one who shares fully in his mission.

The oil used in Confirmation is called chrism. *Chrism* is a fragrant oil extracted from olives and mixed with balm. It is consecrated by the bishop at a Chrism Mass during Holy Week. The bishop blesses the oil by extending his hands and praying that the anointing with oil will bring strength and abundance of joy. He concludes:

Father, by the power of your love, make this mixture of oil and perfume a sign and source † of your blessing. Pour out the gifts of your Holy Spirit on our brothers and sisters who will be anointed with it. Let the splendor of holiness shine on the world from every place and thing signed with this oil.

The Blessing of Oils and Chrism

The anointing with chrism at Confirmation is the sacramental sign that the Holy Spirit is upon us, helping us to be faithful disciples and empowering us to share more fully in the mission of Jesus Christ. This seal of the Spirit, however, is not magic; it is not automatic. It requires our cooperation, our willingness to follow Christ and to accept the responsibilities of discipleship.

Just as with David, your anointing comes with both gifts and responsibilities. We talked about the gifts; what do you think are the responsibilities of someone sealed with the Gift of the Spirit?

Symbol TALK

Anointing with oil signifies the presence of the Holy Spirit. It is the sacramental sign of Confirmation, the second sacrament of initiation. Anointing with chrism, together with the laying on of hands, communicates the Gift of the Spirit and the indelible seal of Jesus on the one he has chosen as his follower.

At the Chrism Mass the bishop also blesses two other holy oils. The *oil of the sick* is used in the sacrament of Anointing of the Sick. The *oil of catechumens* is used in the early stages of a catechumen's preparation for the sacraments of initiation at the Easter Vigil.

Semejante a Cristo

Si vas a confirmarte con fe y corazón abierto, el sello del Espíritu te transformará; te ayudará a ser más como Jesús, ser transformado en su bondad. Entenderás con más intensidad la forma en que Jesús te escogió para pertenecer a él totalmente, para ser su discípulo por siempre. El Espíritu Santo te dará el valor para crecer en tu fe católica, para ser un verdadero cristiano (un ungido) dispuesto y preparado para ser testigo de Cristo. Como miembro de la Iglesia, perteneces a un pueblo sacerdotal y profético, que lleva a otros el amor de Dios, la buena nueva y haces visible la vida divina dentro de ti por medio de tu servicio a otros. ¿Qué exigirá esto de ti como joven en el mundo hoy?

Términos claves

crisma: aceite perfumado consagrado por el obispo durante la Semana Santa y usado para ungir a aquellos que serán bautizados, confirmados o consagrados en las Ordenes Sagradas

Cristo: el Ungido, el Mesías, viene del griego que significa ungido

COMPROBACION
(¡Sea específico!)

Cristo fue:	Cuando necesito parecerme a Cristo:
COMPASIVO	siempre ser conpasivo con todos y querer a la gente me redondea.
MISERICORDIOSO	Cuando tengo que perdonar a otros y con todos.
CARITATIVO	cuando tengo que perdonar a personas aunque siempre tenemos que perdonar los.
FIEL	cuando me caso y tengo que ser fiel a mi esposo
RESPETUOSO	siempre respetar a los demas para resevir Respeto
JUSTO	cuando tengo que ser justo con los Demas y con migo mismo.

In the Likeness of Christ

If you come to Confirmation with faith and an open heart, the seal of the Spirit will transform you; it will help you become more like Jesus, to be transformed in his likeness. You will understand in a deeper way that Jesus has chosen you to belong to him totally, to be his disciple for ever. The Holy Spirit will encourage you to grow in your Catholic faith, to become a true Christian (anointed one), willing and prepared to witness to Christ. As a member of the Church, you belong to a priestly and prophetic people, bringing to others the love of God and the good news and making the divine life in you visible in your service of others. What will this require of you as a young Catholic in today's world?

Key Words

chrism: a perfumed oil consecrated by the bishop during Holy Week and used in anointing those who are being baptized, confirmed, or consecrated in Holy Orders

Christ: the Anointed One, the Messiah, from the Greek word for "anointed one"

Christ was:	REALITY CHECK (Be specific!) Times when I need to be more like Christ:
COMPASSIONATE	
MERCIFUL	
FORGIVING	
FAITHFUL	
RESPECTFUL	
JUST	

El Papa y la **juventud**

El Papa Juan Pablo II te llama a ti y a todos los creyentes a aceptar el don del Espíritu que recibimos durante el Bautismo y la Confirmación y poner sus efectos a trabajar por el mundo.

El Bautismo y la Confirmación no nos remueven del mundo, porque compartimos el gozo y las esperanzas del pueblo hoy. . . Gracias a Cristo todos los cristianos estamos unidos y somos llamados a mostrar el profundo gozo, que se encuentra viviendo con él. El Señor nos llama a tomar nuestra misión en donde estemos. . . . Todo lo que hacemos, nuestra existencia es por el Señor: esa es nuestra esperanza y nuestra pequeña gloria.

"El Señor nos llama a llevar a cabo nuestra misión donde estemos. . ."
Piensa dónde estás en tu vida en este momento. ¿Cómo puedes ser testigo de la vida que compartes con Cristo?

The Pope & YOUth

Pope John Paul II calls you and all believers to accept the Gift of the Spirit we receive in Baptism and Confirmation and to put its effects to work in the world.

Baptism and Confirmation do not remove us from the world, for we share the joys and hopes of people today. . . . Thanks to Christ we are close to all our brothers and sisters, and we are called to show the profound joy, which is found in living with him. The Lord calls us to undertake our mission right where we are. . . . Whatever we do, our existence is for the Lord: That is our hope and our title to glory.

"The Lord calls us to undertake our mission right where we are . . . ." Think about where you are in your life right now. How can you give witness to the life you share with Christ?

PEREGRINAJE

PUNTOS DE PARTIDA

Nombra un asunto que afrontas hoy y que el don del Espíritu puede ayudarte a resolver.

POINTS OF DEPARTURE

Name one issue that confronts you today and how the Gift of the Spirit can help you meet that challenge.

SIMBOLOS

¿Qué significado es comunicado por el símbolo de unción con aceite?

Destino

Hablemos:
Somos cristianos ungidos, ¿qué efecto debe tener en la forma en que vivo?

 What meaning is communicated by the symbol of anointing with oil?

Let's discuss:
We are Christians, anointed ones. What effect should that have on the way we live?

NOTAS

Reflexión

El Papa Juan Pablo II desafía a cada uno de nosotros a aceptar el don del Espíritu y poner sus efectos a trabajar en el mundo.

Mi Oración:

Espíritu Santo, quiero aceptar este reto y usar mis dones para

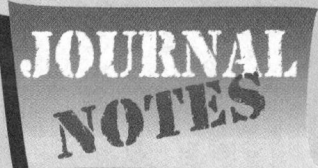

JOURNAL NOTES

Reflections

Pope John Paul II challenges each of us to accept the Gift of the Spirit and to put its effects to work in the world.

My Prayer:

Holy Spirit, I want to accept the challenge and to use my gifts to

Oración final

Dios de amor y misericordia,
del fruto del olivo nos has dado el aceite
para el santo crisma, y por medio de este
signo, nos das tu vida y amor. Abre nuestros
corazones para que seamos semejantes a
Cristo, tu Hijo, y así podamos compartir en
su trabajo real, sacerdotal y profético.
Amén.

closing Prayer

God of mercy and love,
from the fruit of the olive tree
you give us the oil for holy chrism,
and through this sign,
you give us your life and love.
Open our hearts to be transformed
into the likeness of Christ your Son
so that we may share in his royal, priestly,
and prophetic work.
Amen.

Semejante a Cristo

Yo soy la vid, y ustedes las ramas.
Si alguien permanece en mí, y yo
en él, produce mucho fruto,
pero sin mí no pueden hacer nada.

Juan 15:5

More Like Christ

I am the vine, you are the branches.
Whoever remains in me and I in him
will bear much fruit, because
without me you can do nothing.

John 15:5

~ ORACION INICIAL ~

Canción de entrada: *(Use la canción de entrada que será cantada en la Confirmación.)*

Guía: En el nombre del Padre, y del Hijo, y del Spíritu Santo.

R/. Amén.

Guía: Alabemos a Dios quien nos envía al Espíritu Santo para que more en nuestros corazones y quien nos favorece de maneras maravillosas. Bendito sea Dios ahora y siempre.

R/. Amén.

Guía: Oremos. *(Silencio)*

Dios de amor,
tu Hijo nos dio un nuevo mandamiento:
"Amense unos a otros como yo los he amado".
Ayúdanos a entender lo que significa amarnos
unos a otros y vivir como seguidores de Cristo
en el mundo.

Danos tu Espíritu
para que podamos encontrar el verdadero gozo
como pueblo ungido en la vida de Cristo y

destinado a servirle por los siglos de los siglos.
Te lo pedimos Cristo, nuestro Señor.

R/. Amén.

LITURGIA DE LA PALABRA

Lectura: Efesios 1:3–14

Salmo responsorial: *(Use el salmo que será cantado en la Confirmación.)*

Aclamación: *(Use la aclamación que será cantada en la Confirmación.)*

Evangelio: Juan 15:14–17

Reflexión

VENERACION DE LA CRUZ

Guía: Dios ha hecho de la cruz de Cristo
nuestro signo de salvación por
medio de su muerte en la cruz se nos
ha dado nueva vida.
En nuestro Bautismo la señal de la cruz
fue impresa en nuestros cuerpos
para que podamos siempre caminar
las huellas de Cristo. Por medio de esta
señal se nos recuerda lo que significa

~ OPENING PRAYER ~

Entrance Song: *(Use the entrance song that will be sung at Confirmation.)*

Leader: In the name of the Father, and of the Son, and of the Holy Spirit.

R/. Amen.

Leader: Brothers and sisters, give praise to God, who sends us the Holy Spirit to live in our hearts and has favored us in wonderful ways. Blessed be God now and for ever.

R/. Amen.

Leader: Let us pray. *(Silence)*

O gracious Father,
your Son gave us the new commandment:
"Love one another as I have loved you."
Help us to understand what it means
to love one another and to live as Christ's
followers in this world.

Give us your Spirit
so that we may find true joy
as a people who are anointed
into the life of Christ
and enrolled in his service for ever.

We ask this through Christ our Lord.

R/. Amen.

LITURGY OF THE WORD

Reading: Ephesians 1:3–14

Responsorial Psalm: *(Use the responsorial psalm that will be sung at Confirmation.)*

Gospel Acclamation: *(Use the acclamation that will be sung at Confirmation.)*

Gospel: John 15:14–17

Reflection

HONORING THE CROSS

Leader: God has made the cross of Christ
the sign of our salvation for
through his death on the cross we have
been given new life.
At our Baptism the sign of the cross was
imprinted on our bodies

vivir como Cristo en este mundo.
Pasen adelante para venerar la
cruz que aceptamos cuando fuimos
bautizados.

(Todos pasan al frente para venerar la cruz usando una señal de reverencia apropiada, por ejemplo, inclinándose ante la cruz, besándola o tocándola. Se debe tocar una canción adecuada durante la procesión.)

Peticiones

Guía: Mientras peregrinamos hacia el reino, vamos a rezar por las necesidades de la Iglesia. Nuestra respuesta será: *Señor, escucha nuestra oración.*

1. Para que tu Iglesia tenga la *sabiduría* de depender de Dios en todas sus necesidades. Roguemos al Señor.

2. Que como bautizados tengamos la *inteligencia* para entender las penas y las alegrías del pueblo de Dios. Roguemos al Señor.

3. Que como tus discípulos podamos practicar la *piedad,* respetando a los demás y evitando todo tipo de violencia. Roguemos al Señor.

4. Que nosotros, los que vamos a ser confirmados católicos, podamos tener la *fortaleza* de trabajar por la justicia para todos los pueblos y cambiar las condiciones injustas de este mundo. Roguemos al Señor.

5. Que como tus discípulos podamos practicar el *consejo* para vencer el enojo y dejar que la compasión rija nuestras vidas. Roguemos al Señor.

6. Que nosotros, escogidos por ti, tengamos la *ciencia* para escoger sólo lo que es correcto y bueno y ser fieles en nuestro caminar a la salvación. Roguemos al Señor.

7. Que nosotros, tus ungidos, mostremos *temor a Dios* al admirarnos de la diversidad de todos los pueblos y culturas para que podamos construir un mundo de paz. Roguemos al Señor.

8. (Petición del Grupo.)

Guía: Dios de amor,
tu voluntad es que vivamos unidos a Cristo como las ramas están unidas al tronco. Escucha las oraciones que te ofrecemos con todo nuestro corazón y nunca abandones a los que comparten tu vida.

R/. Amén.

Guía: Reunidos como cuerpo de Cristo, vamos a rezar las palabras que Jesús nos enseñó:
Todos: Padre nuestro . . . .

CONCLUSION

Guía: Oremos. *(Silencio)*
Dios todo poderoso y eterno,
haz que podamos participar del misterio de la cruz
y siempre vivamos este signo en nuestras vidas.
Por medio del sello del Espíritu Santo
somos ungidos a imagen de Cristo.
Dirígemos hacia un mayor entendimiento
de lo que significa ser marcado
como testigo de Cristo en este mundo.

Te lo pedimos por Cristo, nuestro Señor.

R/. Amén.

Guía: *(Concluya signándose diciendo:)*
Que Dios Padre, con el Hijo y el Espíritu Santo, sea alabado y bendecido por los siglos de los siglos.

R/. Amén.

so that we might always walk in the
footsteps of Christ,
and it is through this sign that we are
reminded of what it means
to live like Christ in this world.
Come forward now and honor the cross,
which we embraced at our Baptism.

(*All come forward to honor the cross using an
appropriate sign of reverence, for example, a bow, touch,
kiss. An appropriate song or background music is played
during this procession.*)

General Intercessions

Leader: As we journey on the path that leads to
the kingdom, let us pray for the needs of the
Church. Our response is: *Lord, hear our prayer.*

1. That we, your Church, may have *wisdom* to
depend on God for all our needs. We pray to the
Lord.

2. That we, your baptized ones, may have
understanding of the sorrows and joys of all God's
people. We pray to the Lord.

3. That we, your followers, may practice *reverence*,
respecting others and avoiding all forms of
violence. We pray to the Lord.

4. That we, soon to be confirmed Catholics, may
have *courage* to work for justice for all peoples
and to change unjust conditions in this world.
We pray to the Lord.

5. That we, your disciples, may practice *right
judgment* so as to overcome all anger and let
compassion rule our lives. We pray to the Lord.

6. That we, your chosen ones, may have the
knowledge to choose only what is right and good
and to be faithful on our journey of salvation.
We pray to the Lord.

7. That we, your anointed ones, may show *wonder
and awe* at the diversity of all peoples and cultures
so as to build a world of peace. We pray to
the Lord.

8. (Add your group petition.)

Leader: God of love,
your will for us is that we live joined to Christ
as branches are joined to the vine.
Hear the prayers we offer with all our hearts,
and never abandon those who share your life.

R/. Amen.

Leader: Gathered as one body in Christ, let us
pray in the words that Jesus gave us:

All: Our Father . . . .

CONCLUSION

Leader: Let us pray. (*Silence*)

Almighty and eternal God,
may we who participate in the mystery
    of the cross
never cease to live this sign in our lives.
Through the seal of the Holy Spirit
we are anointed in the image of Christ.
Lead us to a profound understanding
of what it means to be marked as
    Christ's witnesses in this world.

We ask this through Christ our Lord.

R/. Amen.

Leader: (*Concludes by signing himself or herself
with the sign of the cross and saying:*)
May God the Father, with the Son and the Holy
Spirit, be praised and blessed for ever and ever.

R/. Amen.

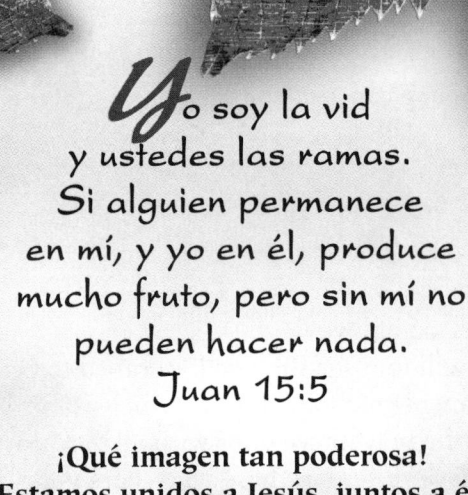

*Yo soy la vid
y ustedes las ramas.
Si alguien permanece
en mí, y yo en él, produce
mucho fruto, pero sin mí no
pueden hacer nada.*
Juan 15:5

**¡Qué imagen tan poderosa!
Estamos unidos a Jesús, juntos a él,
su propia vida fluye en nosotros.
Jesús dijo: "Permanezcan en mi amor"
(Juan 15:9). ¿Cómo podemos
hacer eso? Lea Juan 15:10 para
lo que Jesús quiso decir.**

Les llamo amigos

Para los discípulos estas palabras de Jesús debieron ser sorprendentes: "Ya no les diré servidores . . . Les digo: amigos" (Juan 15:15). Ellos sabían que todas las figuras importantes del Antiguo Testamento, incluyendo Moisés y David, habían sido llamados "servidores" o "esclavos de Yavé". Sólo Abraham había sido llamado "amigo de Dios". Ahora Jesús les estaba dando ese gran honor, ese gran regalo: "Ustedes son mis amigos" (Juan 15:17).

Que simple parece. Nosotros decimos estas palabras con gran facilidad. Pero cuando tratamos de ponerlas en práctica descubrimos la realidad. El amor que Jesús nos pide no es sentimental, romántico, no es sólo un sentimiento hermoso. Es un tipo de amor que va más allá de las apariencias y actitudes, como dijo Dios a Samuel antes de ungir a David: "lo que está en el corazón".

Vemos este tipo de amor en los padres, por ejemplo, quienes con ternura cuidan de sus hijos siempre. Los verdaderos amigos muestran este amor cuando apoyan incondicionalmente, no porque están obligados, sino porque así lo desean. Vemos este amor en los que sirven a los enfermos, a los pobres, a los desamparados—no porque serán remunerados, sino porque se dan cuenta de que ese es el tipo de amor del que Jesús estaba hablando cuando dijo: "Amense unos a otros".

I am the vine,
you are the branches.
Whoever remains in me
and I in him
will bear much fruit,
because without me
you can do nothing.
John 15:5

What a powerful image! We are united to Jesus, joined to him, so that his very life flows through us. Jesus says: "Remain in my love" (John 15:9). How do we do that? Read John 15:10 to see what Jesus meant.

I Call You Friends

For the disciples these words of Jesus must have been truly amazing: "I no longer call you slaves . . . I have called you friends" (John 15:15). They knew that all the great figures of the Old Testament, including Moses and David, had been called "servants" or "slaves of Yahweh." Only Abraham had been called a "friend of God." And now Jesus was giving them this great honor, this great gift: "You are my friends" (John 15:14).

This friendship depends on one big "if," however. "If," Jesus says, "you do what I command you." Our relationship with Christ, our friendship with him, is based on one thing: "This I command you: love one another" (John 15:17).

How simple this seems! How easily we say these words. Then we try to put them into practice and discover the reality. The love Jesus asks for is not sentimental, not romantic, not just a pleasant feeling. It is the kind of love that goes beyond outward appearances and attitudes to see, as God told Samuel before anointing David, "what is in the heart."

We see this kind of love in parents, for example, who tenderly care for their children in good times and in bad. True friends show this love as well when they give support unconditionally, not because they feel obliged, but because they wish to. We see this love in those who care for and serve the sick, the poor, the outcasts—not because they will be rewarded, but because they realize that this is the kind of love Jesus was talking about when he said, "Love one another."

"Amense unos a otros". ¿Qué quiso decir Jesús? ¿Quiere decir que tengo que amar a los indeseables? ¿A los que no me aman? ¿A los antipáticos, a los desagradables, los repulsivos? Señor, ¿tú no quieres decir a esas personas? Las palabras de Jesús son claras y específicas: "Este es mi mandamiento. Amense unos a otros".

Si aceptamos la amistad de Jesús, tenemos que aceptar su mandamiento de amor—aun cuando, y quizás *especialmente*, es difícil. Es así que "seguimos" unidos a Jesús. Eso es lo que quiere decir ser sus discípulos. Si escuchaste con atención la lectura del evangelio en la oración de hoy, recordarás que Jesús prometió a sus discípulos: "Yo les he dicho todas estas cosas para que en ustedes esté mi alegría, y la alegría de ustedes sea perfecta" (Juan 15:11).

Como confirmados católicos vivimos como amigos y discípulos de Jesús cuando nos amamos unos a otros como él lo pidió—no con mentalidad de "deber", sino libre y generosamente, sin esperar nada a cambio sino el gozo completo que Jesús nos promete.

Cuando estés triste, tengas miedo, estés ansioso o inseguro acerca del amor de los demás piensa en las palabras de Jesús: "Les digo amigos". Por qué no poner estas palabras donde puedas verlas fácilmente todos los días. Describe cómo harás eso.

Love one another. What do you mean, Jesus? Do you mean, I'm supposed to love the unlovable? The people who don't love me back? The people who are unpleasant, even obnoxious? The people who are unattractive in looks and behavior? You don't mean these people, do you, Lord?

The words of Jesus are clear and unambiguous: "This I command you: love one another."

If we accept Jesus' offer of friendship with him, we must accept his command to love—even when, or maybe *especially* when, it is hard. This is how we "remain" with Jesus. This is what it means to be his disciple. If you were listening carefully to the gospel reading in today's prayer then you heard what Jesus promised his friends: "I have told you this so that my joy might be in you and your joy might be complete" (John 15:11).

We, then, as committed Catholics live as friends and disciples of Jesus when we love others as he asks—not with a "have to" mentality, but freely, generously, expecting nothing in return but the complete joy Jesus promises us.

Whenever you are unhappy or afraid or anxious or unsure about the love of others, call to mind the words of Jesus: "I call you friend." Why not put these words where you can see them easily each day? Describe how you will do this.

Discipulado

¿Cómo podemos hacernos discípulos de Jesucristo? Jesús nos mostró la forma. El quiso estar con nosotros siempre y por eso nos dio la Iglesia. Es por pertenecer a la Iglesia que somos discípulos de Jesús. Un discípulo de Jesús es quien le sigue y aprende de él.

Como discípulos de Jesús tratamos de ser como él. Sabemos que Jesús es el Hijo de Dios y nuestro Salvador, quien por el misterio de la encarnación se hizo uno de nosotros. Los cristianos describen la *encarnación* como la unión de la divinidad y la humanidad en Cristo Jesús. Es el misterio de Jesucristo ser Dios y hombre. Jesús es la Palabra de Dios hecha carne. El se hizo uno de nosotros en todas las cosas menos en el pecado. La Iglesia enseña que Jesús *fue verdaderamente* hombre. El no fue Dios con un disfraz humano.

¿Cómo fue Jesús como nosotros? ¿Qué trató de decirnos acerca de Dios? Los evangelios no nos dan todo lo necesario para conocer sobre Jesús pero nos dan una idea del tipo de individuo que fue.

Durante su vida en la tierra hizo muchos amigos—y enemigos. Pero está claro que ambos, amigos y enemigos, vieron en él un hombre impresionante y exigente. He aquí alguien que lo conoció y supo cual era su vida. Los que le vieron y conocieron estuvieron sorprendidos. Ellos decían: "Nunca un hombre ha hablado como este" (Juan 7:46).

Jesús atraía a la gente—y la gente lo atraía. El los visitaba en sus casas y comía con ellos; los buscaba en los mercados, en las calles, en el trabajo. El fue a sus bodas y a sus funerales. El no se distanció sino que participó de la vida del pueblo.

El fue un amigo, compartió con otros. Se regocijó con sus amigos cuando las cosas estaban bien, lloró con ellos cuando estaban tristes. Nadie fue extraño a sus ojos—él buscó a los ricos, a los pobres, a los jóvenes y a los viejos, a los que obedecían las leyes y a los pecadores—todos fueron aceptados por él y los hacía sentir bien.

Jesús hizo lo imposible por llegar a los enfermos y a los rechazados por otros. Está claro que Jesús no era débil. Desalentado y rechazado algunas veces, nunca claudicó. Amó a cambio de ser odiado y menospreciado. Al igual que nosotros tuvo sus momentos de enojo y soledad. Mal interpretado por muchos, aun sus discípulos, nunca cambió lo que creyó tenía que decir y hacer. Encontró apoyo y fortaleza en Dios, su Padre, y con frecuencia a solas se dirigió a su Padre en oración

Términos claves

encarnación: la union de la divinidad y la humanidad en Cristo Jesús ; palabra que significa "personificación"

evangelio: anuncio de la buena nueva; en el Nuevo Testamento, los evangelios de Mateo, Marcos, Lucas y Juan anuncian la buena nueva de la salvación en Cristo Jesús

Discipleship

How do we become disciples of Jesus Christ? Jesus showed us the way. He wanted to be with us for all time and so he gave us the Church. It is through membership in the Church that we become disciples of Jesus. A disciple of Jesus is one who follows him and learns from him.

As disciples of Jesus we try to become like the one we follow. We know that Jesus is the Son of God and our Savior who, in the mystery of the incarnation, became one of us. Christians describe the *incarnation* as the union of divinity with humanity in Jesus Christ. It is the mystery of Jesus Christ being God and Man. Jesus is the Word of God made flesh. He became one of us in all things except sin. The Church teaches that Jesus *was truly* a man. He was not God in human disguise.

What was Jesus like as one of us? What did he try to tell us about God? The gospels do not provide us with everything there is to know about Jesus but they do give us an idea of what kind of an individual he was.

During his life on earth he certainly made many friends—and enemies, too. But it is clear that both friends and foes saw him as a compelling and impressive man. Here was one who knew who he was and what life was all about. Those who heard and saw him were amazed. They said, "Never before has anyone spoken like this one" (John 7:46).

People were drawn to him—and it seems he was drawn to them in return. He went to their homes and ate with them; he reached out to them in the marketplace, in the streets, in the workplace. He went to their weddings—and their funerals. He did not keep his distance but was truly involved in the lives of people.

He was a friend; he shared himself with others. He rejoiced with his friends when things were going well; he wept with them when they were sad. No one was a stranger in his eyes—the rich, the poor, the young and the old, the one who obeyed the law and the sinner—all were accepted by him and felt comfortable with him.

Jesus went out of his way for those who were sick or rejected by others. It was clear that Jesus was no weakling. Discouraged and rejected at times, he never gave up. Hated and spurned, he loved in return. Like us, he had moments of anger and loneliness, too. Misunderstood by many—even his disciples—he never changed what he knew he had to do and say. He found comfort and strength in God his Father and frequently went off alone to be with his Father in prayer.

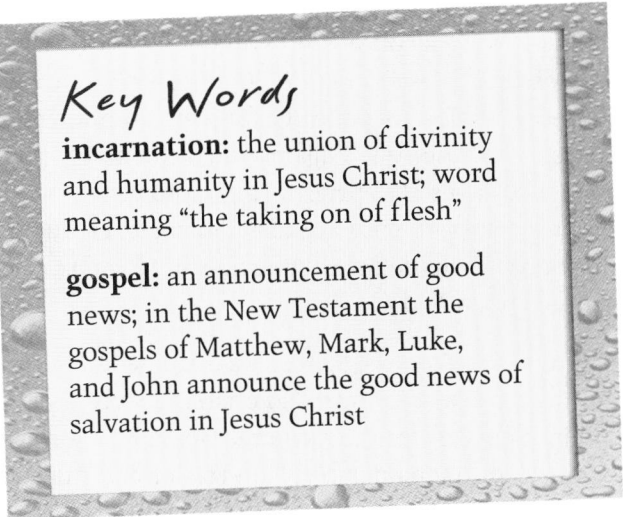

Key Words

incarnation: the union of divinity and humanity in Jesus Christ; word meaning "the taking on of flesh"

gospel: an announcement of good news; in the New Testament the gospels of Matthew, Mark, Luke, and John announce the good news of salvation in Jesus Christ

Al final, por supuesto, nos mostró lo que es el amor verdadero dando su vida por todos nosotros: "No hay amor más grande que este: dar la vida por sus amigos" (Juan 15:13). Los evangelios nos muestran a un hombre fuerte, amoroso, calmado y centrado—totalmente vivo y totalmente humano. Ese es el Cristo que seguimos.

 ¿Qué te atrae a Cristo? ¿En qué formas te gustaría ser más como él?

Verdaderos testigos

Como los apóstoles que oyeron por primera vez el nuevo mandamiento de Cristo, y la primera Iglesia quien recibió las palabras por medio de ellos, nosotros también somos sus discípulos.

Una forma de describir a un discípulo es decir que es alguien que se arriesga con Jesús. Esto fue cierto con los primeros discípulos de Jesús quienes dejaron todo y lo siguieron al escucharle. A cambio, Jesús se arriesga con nosotros, él pone el futuro de la Iglesia en nuestras manos. ¡Qué pensamiento tan sobrecogedor! Jesús pone el evangelio en nuestras manos y nos dice que hagamos algo con él. El evangelio no es algo privado, algo sólo para nosotros que podemos guardar intocable. La buena nueva de Cristo de ser compartida, predicada, proclamada, vivida.

San Juan Crisóstomo, famoso maestro de la Iglesia antigua, retó a su comunidad cristiana a vivir su discipulado en un mundo incrédulo en esta forma: "Vamos, ante toda palabra, a aterrarlos con nuestra forma de vida".

¿Qué queremos decir con la vida cristiana? Una vida moral, una vida de fe en Cristo. Esto quiere decir que debemos:

• por la gracia de Dios tomar la actitud de Cristo, viendo la conexión entre la nueva vida en el Espíritu y la vida moral

• reconocer que Dios es nuestro Padre viendo a los demás como nuestros hermanos y hermanas

• aumentar nuestro conocimiento de la fe, especialmente las Beatitudes y los Diez Mandamientos

• evitar pecar de pensamieno, palabras y obras, contrario a la ley de Dios

• entender la importancia de las virtudes

• reconocer el poder de la gracia

• rezar y celebrar los sacramentos con frecuencia.

Denver Youth Day with the Holy Father

In the end, of course, he showed us what real love is all about by giving his life for all of us. "No one has greater love than this, to lay down one's life for one's friends" (John 15:13). The gospels, then, show us a strong, warm, loving, focused man—fully alive and fully human. This is the Christ we follow. This is the one in whose service we are enrolled.

 What attracts you to Christ? In what ways would you like to be more like him?

True Witnesses

Just like the apostles who first heard Christ's new commandment, and the early Church who received the words from them, we, too, are his disciples.

One way to describe a disciple is to say it is someone who takes a chance with Jesus. This was certainly true of the first disciples of Jesus who at his word left everything to follow him. In turn, Jesus takes a chance with us; he puts the whole future of the Church into our hands. What an overwhelming thought: Jesus puts the gospel in our hands and tells us to do something with it. The gospel is not something private, something just for ourselves that we can store away untouched. The good news of Christ must be shared, spread, proclaimed, lived.

A famous teacher of the early Church, Saint John Chrysostom, challenged his Christian community to live their discipleship before an unbelieving world in this way: He said, "Let us, before all words, astound them by our way of life."

What do we mean by a Christian way of life? It is a moral life, a life, of faith in Christ. It means that we:

• take on the attitude of Christ, aided by God's grace, seeing the connection between the new life in the Spirit and the moral life

• recognize God as our Father, seeing one another as brothers and sisters

• grow in the knowledge of our faith, especially the Beatitudes and the Ten Commandments

• avoid the evil of sin—thoughts, words, and deeds, contrary to God's law

• understand the importance of the virtues

• recognize the power of grace

• regularly pray and celebrate the sacraments

Puede que nunca entiendas el don del Espíritu Santo en tu vida. El Espíritu trabaja en y a través de ti. Cada vez que haces lo que sabes está bien, cada vez que eres amable con otro, compasivo o perdonas a alguien, estás haciendo la diferencia. Haces presente a Cristo para otros—y eso es sorprendente.

La vida moral cristiana debe basarse y apoyarse en la oración. El *Catecismo de la Iglesia Católica* define la oración como: "La elevación del alma hacia Dios o la petición a Dios de bienes convenientes" (2590). Es el Espíritu Santo quien hace que esto sea posible. Además de la oración personal, la Iglesia ofrece muchas oportunidades para la oración en común, especialmente en la liturgia y durante las fiestas del año litúrgico.

Juntos recen las palabras de la oración final de la oración ritual que empieza:
"Dios todopoderoso y eterno. . . ."

El Papa y la juventud

En 1999 el Santo Padre exhortó a los jóvenes en San Luis diciendo:

"Ustedes son la luz del mundo . . . ."
(Mateo 5:14)

Queridos Jóvenes:

Pregúntense: ¿Creo en estas palabras de Jesús en el evangelio? Jesús les está llamando a ser la luz del mundo. El les está pidiendo que dejen que su luz brille para otros. Sé que en sus corazones quieren decir: "Aquí estoy Señor, aquí estoy. Que se haga tu voluntad". Sólo siendo uno con Jesús podrán compartir su luz y ser luz para el mundo.

¿Estás dispuesto a hacer eso?

Porque Jesús es la luz, nosotros también somos luz cuando lo proclamamos. Este es el centro de la misión cristiana para la que hemos sido llamados por medio del Bautismo y la Confirmación. Tú has sido llamado para hacer que la luz de Cristo brille en el mundo.

¿Cuáles son los puntos oscuros en ti que necesitan la luz de Cristo? ¿Qué cosas o asuntos en el mundo todavía no tienen su luz?

You must never underestimate the Gift of the Holy Spirit in your life. It is the Spirit who is at work in and through you. Every time you do what you know is good, every time you are kind to another, every time you are compassionate and forgiving, you make a difference. You make Christ present to another—and that is astounding!

The Christian moral life must be grounded in and supported by prayer. The *Catechism* defines prayer as "the raising of one's mind and heart to God or the requesting of good things from God" (2590). It is the Holy Spirit who makes it possible for us to pray. Besides times of personal prayer, the Church provides many opportunities for communial prayer, especially in the liturgy and on the feasts of the liturgical year.

Take a minute now to pray together the words of the closing prayer of the opening rite beginning: "Almighty and eternal God. . . ."

The Pope & YOUth

In 1999 the Holy Father challenged the young people in St. Louis:

"You are the light of the world . . . ."

Dear Young People,

Ask yourselves: Do I believe these words of Jesus in the gospel? Jesus is calling you the light of the world. He is asking you to let your light shine before others. I know that in your hearts you want to say: "Here I am, Lord. Here I am. I come to do your will." But only if you are one with Jesus can you share his light and be a light to the world.

Are you ready for this?

Because Jesus is the Light, we, too, become light when we proclaim him. This is the heart of the Christian mission to which each of you are called through Baptism and Confirmation. You are called to make the light of Christ shine brightly in the world.

What are some of the "darknesses" in yourself that need the light of Christ? What things or issues in the world are still dark, still without his light?

PUNTOS DE PARTIDA

"Si alguien permanece en mí, y yo en él, produce mucho fruto, pero sin mí no pueden hacer nada" (Juan 15:5).

¿Cómo permanece en Cristo un confirmado católico?

POINTS OF DEPARTURE

"Whoever remains in me and I in him will bear much fruit, because without me you can do nothing" (John 15:5).

How does a confirmed Catholic "remain" in Christ?

SIMBOLOS

¿Cómo serás marcado con la señal de la cruz en la Confirmación?

Destino

Hablemos:
¿Quién es Jesús para ti?

Destination Points

Let's discuss:
Who is Jesus for you?

SYMBOLS ON THE MAP

How will you be marked with the sign of the cross at Confirmation?

NOTAS

Reflexión

Mi llamada a ser discípulo es vivida en la forma en que amo a otros sin nada que me ate.

Mi Oración:

Espíritu Santo, sé que debo amar a todo el mundo como tú me amas. Cuando me sea difícil, por favor

JOURNAL NOTES

Reflections

Jesus calls me to be his disciple. I live this out in the way I love others with no strings attached.

My Prayer:

Holy Spirit, I know I'm expected to love everyone just as you love me. When I find it hard, please

Oración final

Padre de bondad, confirma lo que has obrado en nosotros y conserva en el corazón de tus hijos los dones del Espíritu Santo, para que no se avergüencen de dar testimonio de Cristo crucificado y, movidos por la caridad, cumplan sus mandamientos. Por Jesucristo nuestro Señor. Amén.

Rito de Confirmación

closing Prayer

God our Father,
complete the work you have begun
and keep the gifts of your Holy Spirit
active in the hearts of your people.
Make them ready to live his Gospel
and eager to do his will.
May they never be ashamed
to proclaim to all the world
    Christ crucified
living and reigning for ever and ever.
Amen.

The Rite of Confirmation

En la unidad de la fe

Alimenta tu pueblo
y fortalécelo en santidad,
para que la familia humana
pueda caminar a la luz
de la fe
en comunión de amor.

Sacramentales

In the Unity of Faith

You feed your people
and strengthen them in holiness,
so that the family of mankind
may come to walk in the light
of one faith
in one communion of love.

Sacramentary

~ ORACION INICIAL ~

Canción de entrada: *(Use la canción que será cantada en la Confirmación.)*

Guía: En el nombre del Padre, y del Hijo, y del Espíritu Santo.

R/. Amén.

Guía: *(salude a los presentes con las siguientes palabras:)*

Alabemos a Dios quien nos envía al Espíritu Santo para que more en nuestros corazones y quien nos favorece de formas maravillosas. Bendito sea Dios ahora y siempre.

R/. Amén.

Guía: Oremos. *(Silencio)*

Dios de amor,
Por el Bautismo nos has hecho en
   Cristo tu Hijo,
uno en la comunión de su Espíritu,
y uno en compartir su Cuerpo y Sangre.
Ayúdanos a crecer en amor unos por otros
y caminar en la unidad de la fe como
   cuerpo de Cristo
para que podamos ser testigos en todos
   los confines de la tierra.

Te lo pedimos por Cristo, nuestro Señor.

R/. Amén.

LITURGIA DE LA PALABRA

Lectura: Hechos de los Apóstoles 1:3–8

Salmo responsorial: *(Use el Salmo que será cantado en la Confirmación.)*

Aclamación del evangelio: *(Use la aclamación que será cantada en la Confirmación.)*

Evangelio: Juan 6:44–57

Reflexión

PETICIONES

Guía: Mientras caminamos unidos en la fe, vamos a rezar por los que dan testimonio de su vida en Cristo. Nuestra respuesta será: *Señor, escucha nuestra oración.*

1. Por los que testifican a Cristo a aquellos que nunca han escuchado la buena nueva, para que tengan el don de *sabiduría* para que Cristo se conozca en este mundo. Roguemos al Señor.

2. Por los que testifican a Cristo a los alienados y explotados en el mundo, para que puedan tener el don de *fortaleza* de hablar contra la opresión y la discriminación. Roguemos al Señor.

~ OPENING PRAYER ~

Entrance Song: *(Use the entrance song that will be sung at Confirmation.)*

Leader: In the name of the Father, and of the Son, and of the Holy Spirit.

R/. Amen.

Leader: *(greets those present in the following words)*

Brothers and sisters, give praise to God, who sends us the Holy Spirit to live in our hearts and has favored us in wonderful ways. Blessed be God now and for ever.

R/. Amen.

Leader: Let us pray. *(Silence)*

O loving God,
through Baptism you make us one family in
   Christ your Son,
one in the communion of his Spirit,
and one in the sharing of his Body and Blood.
Help us to grow in love for one another
and walk in the unity of faith as the
   body of Christ
so that we may be his witnesses to the ends
   of the earth.

We ask this through Christ our Lord.

R/. Amen.

LITURGY OF THE WORD

Reading: Acts 1:3–8

Responsorial Psalm: *(Use the responsorial psalm that will be sung at Confirmation.)*

Gospel Acclamation: *(Use the acclamation that will be sung at Confirmation.)*

Gospel: John 6:44–57

Reflection

General Intercessions

Leader: As we walk in the unity of faith, let us pray for all those who give witness to their life in Christ. Our response is *Lord, hear our prayer.*

1. For those who witness Christ to those who have never heard the good news, that they may have the gift of *wisdom* to make Christ known in this world. We pray to the Lord.

2. For those who witness Christ to those who are alienated and exploited in this world, that they may have the gift of *courage* to stand up to oppression and discrimination. We pray to the Lord.

3. Por los que testifican a Cristo a los que no tienen que comer y a los pobres, para que tengan la *inteligencia* de entender las necesidades del pueblo de Dios. Roguemos al Señor.

4. Por los que testifican a Cristo a los enfermos y moribundos, para que tengan *piedad* de la dignidad de aquellos a quienes sirven. Roguemos al Señor.

5. Por los que testifican a Cristo a los prisioneros, para que tengan el don de *consejo* para satisfacer las necesidades de aquellos que buscan justicia y perdón. Roguemos al Señor.

6. Por los que testifican a Cristo a los refugiados e inmigrantes, para que tengan el don de *ciencia* para apreciar las diferentes culturas y naciones en el mundo. Roguemos al Señor.

7. Por los que testifican a Cristo a los que tienen roto el corazón, la mente y el espíritu, para que tengan el don de *temor de Dios* para ver la cara de Cristo en cada persona que encuentren. Roguemos al Señor.

8. (Petición del grupo.)

Guía: Dios todopoderoso y eterno,
es tu voluntad que sigamos fieles
a ti todos
los días de nuestras vidas.
Escucha las oraciones de tu pueblo,
que es testigo de tu presencia en el mundo.

R/. Amén.

Guía: Reunidos, como el cuerpo de Cristo, vamos a rezar con las palabras que Jesús nos enseñó:

Todos: Padre nuestro . . . .

Saludo de la Paz

Guía: Como cuerpo de Cristo,
vamos a ofrecernos unos a otros el
saludo de la paz.

CONCLUSION

Guía: Oremos. (*Silencio*)

Padre todopoderoso y eterno,
Proclamamos un solo Señor, una fe y
un bautismo.
Por el don de tu Espíritu fortalécenos
en la unidad de nuestra fe,
para que podamos ser testigos de Cristo
y construir su cuerpo en fe
y amor.

Te lo pedimos por medio de Cristo, nuestro Señor.

R/. Amén.

Guía: (*Concluya signándose diciendo:*)

Que el Padre, junto con el Hijo y el Espíritu Santo, sea alabado y bendecido por los siglos de los siglos.

R/. Amén.

3. For those who witness Christ to the hungry and the poor, that they may have the gift of *reverence* for the dignity of those they serve. We pray to the Lord.

4. For those who witness Christ to the ill and dying, that they may have the gift of *reverence* for the dignity of those they serve. We pray to the Lord.

5. For those who witness Christ to the imprisoned, that they may have the gift of *right judgement* to meet the needs of those who seek justice and forgiveness. We pray to the Lord.

6. For those who witness Christ to refugees and immigrants, that they may have the gift of *knowledge* to appreciate the different cultures and nations of our world. We pray to the Lord.

7. For those who witness Christ to those broken in heart, mind and spirit, that they may have the gifts of *wonder and awe* to see the face of Christ in each person they meet. We pray to the Lord.

8. (Add your group petition.)

Leader: Almighty, everliving God,
   your will for us is that we remain faithful
      to you
   throughout the days of our lives.
   Hear the prayers of your people,
   who witness your presence in this world.

R/. Amen.

Leader: Gathered as one body in Christ, let us pray in the words that Jesus gave us:

All: Our Father . . . .

Sign of Peace
Leader: As one body in Christ,
let us offer one another the sign of
      unity and peace.

CONCLUSION

Leader: Let us pray. *(Silence)*

Almighty and eternal God,
we proclaim one Lord, one faith,
   one Baptism.
Through the Gift of your Spirit
strenghen us in the unity of our faith
that we may bear witness to Christ
for the building up of his body in faith
   and love.

We ask this through Christ our Lord.

R/. Amen.

Leader: *(Concludes by signing himself or herself with the sign of the cross and saying:)*

May God the Father, with the Son and the Holy Spirit, be praised and blessed for ever and ever.

R/. Amen.

Algunos nativos de Zimbaue, en Africa del Sur, se saludan diciendo: "¿Cómo estás?" "Estoy bien si estas bien". La primera persona responde: "Estoy bien, entonces estamos bien".

¿Qué nos dice ese intercambio sobre la cultura de ese pueblo? ¿En qué palabra o frase puedes pensar que describa lo que ese simple saludo significa?

Somos la Iglesia

¿Y nosotros? ¿Estamos tan conscientes de nuestra relación, nuestra unidad en la Iglesia, que podemos verdaderamente decir que nuestro bienestar está relacionado al bienestar del otro? "Estoy bien si estás bien". "Estoy bien, entonces estamos bien".

Vivimos en una sociedad en la que los negocios, la tecnología y los medios de comunicación facilitan el distanciamiento de las personas. Algunas veces los vecinos no se conocen, no tienen la confianza de ayudarse unos a otros.

En una comunidad de fe, no podemos vivir aislados. Jesús nos llamó a ser un solo cuerpo, la Iglesia. Dependemos uno del otro al igual que cada parte del cuerpo depende de la otra. Pertenecemos al cuerpo universal de Cristo y cada parte de ese cuerpo es mutuamente dependiente. San Pablo explicó eso a los primeros cristianos diciendo:

> El ojo no puede decir a la mano: No te necesito. Ni tampoco la cabeza puede decir a los pies no los necesito.

> 1 Corintios 12:21

Compartimos esta unidad en la Iglesia desde el primer momento de nuestro Bautismo. El celebrante reza a Dios Padre:

> Por el agua y el Espíritu Santo, haces un solo pueblo de todos los bautizados en tu Hijo Jesucristo.

> *Rito del Bautismo*

Nuestra unidad es fortalecida en la Confirmación. Pero la Confirmación no es el final de nuestro crecimiento en Cristo; nos dirige al sacramento de sacramentos, la Eucaristía. La Eucaristía completa nuestra iniciación cristiana en la Iglesia.

Los que, por el Bautismo, son hechos hijos adoptivos de Dios y hechos semejantes a Cristo por la Confirmación, ahora comparten con toda la comunidad católica la vida, muerte y resurrección de Jesús por medio de la Eucaristía.

Certain peoples of Zimbabwe in southern Africa greet each other by saying, "How are you?" The response is, "I am well if you are well." The first person then says, "I am well so we are well."

What does this exchange tell us about the culture of the people? What one word or phrase can you think of to describe what this simple greeting is all about?

We Are the Church

What about us? Are we so aware of our connection with one another, our unity in the Church that we can truly say that our well-being is connected to the well-being of another? "I am well if you are well." "I am well so we are well."

We live in a society in which business, technology, and the media make it easy for people to be separate from one another. Sometimes neighbors do not even know one another, let alone rely on one another for help.

In a faith community, we cannot live in isolation. Jesus called us together to be one body, the Church. We depend on one another just as each part of a body depends on another part. We belong to the universal body of Christ and every part of that body is mutually dependent. Saint Paul explained this to the first Christians saying:

> The eye cannot say to the hand, "I do not need you," nor again the head to the feet, "I do not need you."
>
> 1 Corinthians 12:21

This unity we share in the Church begins at the very moment of our Baptism. The celebrant prays to God the Father:

> From all who are baptized in water and the Holy Spirit,
> you have formed one people,
> united in your Son, Jesus Christ.
>
> *Rite of Baptism*

Our unity is deepened and strengthened in Confirmation. But Confirmation is not the end of our growth in Christ: it moves us toward the sacrament of sacraments, the Eucharist. Eucharist completes Christian initiation into the Church.

Those who become God's adopted children at Baptism and are further transformed into the likeness of Christ at Confirmation, now share with the whole Catholic community in Jesus' life, death, and resurrection through the Eucharist.

Lee de nuevo la oración que se encuentra en la página 96. Subraya las palabras que hablan de unidad, la unidad que compartimos por medio de los sacramentos de iniciación. Escribe aquí las más importantes.

Bautismo: un _____

_____

Confirmación: un _____

_____

Eucaristía: un _____

_____

Términos claves

alianza (bíblica): acuerdo solemne entre Dios y su pueblo, legalmente atado en ambos lados y confirmado por la ofrenda de un sacrificio a Dios o por un rito solemne

comunión: otro nombre para la Eucaristía, el Cuerpo y la Sangre de Cristo; signo y fuente de nuestra reconciliación y unión con Dios y con los demás

Eucaristía: sacramento del Cuerpo y la Sangre de Cristo, quien está verdaderamente presente—cuerpo, sangre, alma y divinidad—bajo las apariencias de pan y vino

liturgia: la oración pública y oficial de la Iglesia por medio de la que proclamamos y celebramos el misterio de Cristo

Sacramento de sacramentos

En la última Cena, la noche antes de morir, Jesús instituyó la Eucaristía, el sacramento de su Cuerpo y Sangre. Hizo para que el poder salvador de su sacrificio en la cruz pudiera continuar a través de los años. La Eucaristía es el memorial de muerte y resurrección de Jesús. No es un monumento de mármol o piedra sino la viva representación de los actos de salvación de Cristo. Escuchamos sobre este sacrificio en las palabras que Cristo usó cuando instituyó la Eucaristía: "Esto es mi cuerpo, el que es entregado por ustedes. . .Esta copa es la alianza nueva sellada con mi sangre, que va a ser derramada por ustedes" (Lucas 22:19-20). La Eucaristía es un memorial que une a la Iglesia en la participación del sacrificio de Cristo, para adorar como pueblo—un signo vivo de unidad en un lazo de amor.

La Eucaristía es también una comida sagrada en la que nos acercamos a la mesa del Señor para compartir el Cuerpo y Sangre de Cristo bajo las apariencias de pan y vino. No hace esto solo sino en comunidad.

El misterio de la Eucaristía continúa en cada misa a través de los años. Cristo se ofrece a sí mismo en un sacrificio por nosotros y nosotros estamos unidos a él y uno con otros en esta santa comida. Entonces, la Eucaristía es el centro de la vida de la Iglesia y es su punto central.

Un signo de unidad

En los inicios de la Iglesia, la Eucaristía era el centro de una gran celebración donde las personas llevaban comida para compartir, y para compartir con los más pobres. Los cristianos de Corintio olvidaron que la Eucaristía era un signo de unidad. Olvidaron que somos uno, no sólo con Jesús, sino unos con otros, así que compartimos su vida con todo el mundo. Ellos celebraron la Eucaristía ignorando a los pobres. San Pablo les recordó que los que *reciben* la Eucaristía deben estar dispuestos a *dar* la Eucaristía—el pan que se parte debe ser compartido. Pablo aclaró que el propósito de su reunión para la Eucaristía era la unidad de ellos en Cristo y unos con otros. Pablo escribió a los Corintios: "Como uno es el pan, todos pasamos a ser un solo cuerpo, participando todos del único pan" (1 Corintios 10:17).

Read again the opening prayer on page 97. Underline the words that tell of the unity, the oneness we share through the sacraments of initiation. Write the key words here.

Baptism: one _____

_____

Confirmation: one _____

_____

Eucharist: one _____

_____

Key Words

covenant (biblical): a solemn agreement between God and his people, legally binding on both sides and confirmed by offering a sacrifice to God or by a solemn ritual

Communion: another name for the Eucharist, the Body and Blood of Christ; the sign and source of our reconciliation and union with God and one another

Eucharist: the sacrament of the Body and Blood of Christ, who is truly present—body, blood, soul, and divinity—under the appearances of bread and wine

liturgy: the official public prayer of the Church in which we proclaim and celebrate the mystery of Christ

The Sacrament of Sacraments

At the Last Supper the night before he died, Jesus instituted the Eucharist, the sacrament of his Body and Blood. He did this so that the saving power of his sacrifice on the cross might continue throughout the ages. The Eucharist is the memorial of Jesus' death and resurrection. It is not a memorial in stone or marble but a living re-presentation of Christ's saving acts. We hear of his sacrifice in the very words Christ used when he instituted the Eucharist: "This is my body, which will be given for you. . . . This cup is the new covenant in my blood, which will be shed for you" (Luke 22:19–20). The Eucharist is a memorial that calls the Church together to participate in Christ's sacrifice, to worship as one people—a living sign of unity in the bond of love.

The Eucharist is also a sacred meal in which we come to the table of the Lord to partake in the Body and Blood of Christ under the appearances of bread and wine. We do not do this in isolation but as a worshiping community.

Down through the ages at every Mass the mystery of the Eucharist is continued: Christ offers himself as a sacrifice for us and we are united to him and to one another in a holy meal. The Eucharist, therefore, lies at the heart of the Church's life and is its high point.

A Sign of Unity

In the early days of the Church, the Eucharist was the center of a larger meal to which people were to bring food to share—and a surplus to be shared with the poor. The Christians of Corinth forgot that the Eucharist is a sign of unity. They forgot that we are to be one, not only with Jesus, but with one another, so that we can share his life with the world. They celebrated the Eucharist while ignoring the poor and needy. Saint Paul reminded them that those who *receive* the Eucharist must be willing to *give* the Eucharist—the Bread that is broken must be shared. Paul made it clear that the purpose of their gathering for Eucharist was to unite them to Christ and to one another. "Because the loaf of bread is one," Paul wrote to the Corinthians, "we, though many, are one body, for we all partake of the one loaf." (1 Corinthians 10:17).

Mientras te preparas para la Confirmación es importante que reflexiones una vez más en el significado de la Eucaristía. A diferencia del Bautismo y la Confirmación que sólo podemos recibir una vez, somos exhortados a ir a la mesa del Señor con frecuencia. ¿Por qué? Porque cada vez que recibimos a Cristo en la comunión nos estamos nutriendo y fortaleciendo para continuar nuestro trabajo en el mundo. La palabra *misa* significa "ser enviados", somos enviados a vivir como Jesús vivió, a compartir su amor con otros y a servir a nuestros hermanos necesitados en el mundo.

Imagina: ¿Cómo sería el mundo si todo el que recibe la Eucaristía empieza a vivir como Jesús vivió? ¿Qué cambiaría en tu familia? ¿En tu comunicación con los demás? ¿En la forma en que ves el mundo a tu alrededor? ¿Harías una lista de los cambios principales? Escribe tus pensamientos aquí.

Símbolo — Compartir el pan:

En la última Cena, Jesús tomó el pan y lo partió. Lo dio a sus discípulos diciendo: "Esto es mi cuerpo" … (Lucas 22:19). Desde los primeros días de la Iglesia este acto simbólico de partir el pan fue el nombre que los primeros cristianos dieron a sus asambleas eucarísticas. Lo que nosotros llamamos hoy misa, ellos llamaban partir el pan, porque esta acción simbolizaba que todo el que comía del pan partido—Cristo—era unido a él y formaba parte de su cuerpo.

Antes de la comunión en la misa vemos al sacerdote partir la hostia. ¿Qué significa esto? Significa que Jesús es el Pan de Vida partido y compartido por nosotros. Cuando recibimos la comunión no recibimos muchos Cristos—recibimos el Cuerpo de Cristo roto por nosotros.

Lee la historia de los discípulos en la calzada de Emaús (Lucas 24:13–35). ¿Cuándo reconocieron los discípulos a Jesús?

As you prepare for Confirmation it is important that you reflect once again on the meaning of Eucharist. Unlike Baptism and Confirmation which can be received only once, we are encouraged to come to the table of the Lord as frequently as possible. Why? Because each time we receive Christ in Holy Communion we are nourished and strengthened to continue his work in the world. The word *Mass* means "to be sent forth;" *we* are sent forth from the Eucharist to live as Jesus did, to share his love with others, and to serve the needs of our brothers and sisters in the world.

Imagine: What would the world be like if every Catholic who received the Eucharist began to live as Jesus did? What about you? What might change in your family life? In your dealings with others? In the way you see the world around you? Would your list of priorities change? Write your thoughts here.

Symbol TALK

The Breaking of Bread: At the Last Supper Jesus took bread and broke it. He gave it to the disciples saying, "This is my body…"(Luke 22:19). From the earliest days of the Church this symbolic action of breaking bread was the name the first Christians gave their Eucharistic assemblies. What today we call the Mass, they called the Breaking of Bread because this action symbolized that all who eat the one broken bread—Christ—become united to him and form one body in him.

Just before Holy Communion at Mass we see the priest break the host into pieces. What does this mean? It means that Jesus is the one Bread of Life broken and shared among us. When we receive Holy Communion we do not receive many Christs—we receive the one Body of Christ broken for us.

Read the story of the disciples on the road to Emmaus (Luke 24:13–35). At what point do the disciples recognize Jesus?

The Supper at Emmaus,
Diego Velázquez, 1599–1660

105

Caminando en la unidad de la fe

Algunas veces los católicos piensan que la Confirmación es como una graduación, que señala el fin de un tiempo de crecimiento o formación. Pueden creer que no tienen nada más que aprender acerca de la fe, creen haber "llegado" al final de su crecimiento.

La verdad es que la Confirmación nos trae *nuevos* retos en nuestro peregrinar en la fe. Somos exhortados a ser más como Cristo, somos retados a rezar, estudiar y a usar nuestros dones para hacer del mundo un mejor lugar. Somos exhortados a profundizar en nuestro estudio del mensaje del evangelio y a medir las cosas de nuestro mundo de acuerdo a ese mensaje.

La Iglesia nos ayuda. Guiada por el Espíritu Santo, la Iglesia transmite la palabra de Dios según se encuentra en la Escritura y la viva tradición de la Iglesia. La Iglesia continuamente confronta los asuntos de nuestros tiempos aplicando, en todas las épocas, el sagrado depósito de la fe; según se encuentra en la Escritura y la tradición. Esto con frecuencia es hecho por medio de encíclicas (cartas) de los papas y las cartas pastorales de nuestros obispos. Es así como la Iglesia enseña acerca de estos importantes asuntos:

- *racismo:* Los obispos de los Estados Unidos nos recordaron que el prejuicio racial es un pecado. No tiene lugar en la vida de ningún católico. Cada persona debe ser tratada dignamente y con respeto como hijo de Dios. Todos somos hermanos en Cristo.

- *guerra y paz:* Nuestro mundo es frágil. Debemos trabajar por la paz basada en la justicia y la libertad y erradicar la carrera armamentista que no tiene sentido.

- *justicia económica:* Cada ser humano debe tener la oportunidad de trabajar para satisfacer las necesidades básicas de la vida. Una obsesión por la riqueza a costa de otras vidas es uno de los grandes pecados sociales de nuestros tiempos.

- *abortos y eutanasia:* Toda vida es sagrada y pertenece a Dios. La destrucción deliberada de la vida por medio del aborto o la eutanasia es un pecado serio en contra de la ley de Dios.

- *pena capital:* más y más seguidores de Cristo se están dando cuenta de que la dignidad de la vida humana debe respetarse aun en los casos en que alguien haya hecho algo muy malo. La Iglesia exhorta a la gente a evitar la pena de muerte y empezar a trabajar en una tarea más difícil, trabajar por la paz en nuestra atribulada sociedad.

Walk in the Unity of Faith

Sometimes Catholics think that Confirmation is like a graduation, marking the end of a time of growing up, of formation. Now they may feel that they have nothing more to learn about their faith; they have "arrived" and their growing time is complete.

Not so! The truth is that Confirmation opens up *new* challenges to us on our journey of faith. We are challenged to become more like Christ; we are challenged to pray, study, and use our gifts to make the world a better place. We are challenged to deepen our understanding of the gospel message and to measure the issues of our world against that message.

The Church helps us. Guided by the Holy Spirit, the Church passes on the word of God as found in Scripture and the Church's living tradition. The Church continually confronts the issues of our time applying in every age the sacred deposit of faith as found in Scripture and tradition. This is done frequently through the encyclicals (letters) of the popes and the pastoral letters of our bishops.

Here is what the Church teaches about some of these important issues:

- *racism* The bishops of the United States have reminded us that racial prejudice is a sin. It has no place in the life of any Catholic. Each person must be treated with dignity and respect as a son or daughter of God. We are all brothers and sisters in Christ.

- *war and peace* Ours is a fragile world. We must work for a peace that is based on justice and freedom and eradicate the senseless race to build and to spread weapons of war.

- *economic justice* Each human person must be given the chance to work for the basic necessities of life. An obsession for wealth at the expense of others' lives is one of the greatest social sins of our time.

- *abortion and euthanasia* All life is sacred; all life belongs to God. Deliberate destruction of life through abortion or euthanasia is a serious sin against God's law.

- *capital punishment* Increasingly, followers of Christ are recognizing that the dignity of human life must never be taken away, even in the case of someone who has done great evil. The Church encourages people to turn away from the ineffective solution of the death penalty and to begin the more difficult task of building peace in our troubled society.

En estos y otros asuntos, tales como el sexismo, la discriminación contra los ancianos, el consumismo y preocupación por el medio ambiente, los líderes de la Iglesia nos han ayudado a ver y a aplicar las enseñanzas de Jesucristo a los complicados problemas que nos afectan. Así es como somos llamados a hacer la diferencia en nuestro mundo.

Jesús nos ha invitado a seguirle, a caminar en sus huellas, a completar su misión en la tierra. Para hacer esto necesitamos llegar a los otros como él lo hizo, con cariño, preocupación, sanación y esperanza. Esta es una *forma de vida* para un católico confirmado.

Piensa en una serie de asuntos morales prevalecientes en tu mundo. Puede ser por ejemplo, abuso de drogas, promiscuidad sexual, alcoholismo, robo o violencia. ¿Cómo responde a ellos como seguidor de Jesucristo? Describe como vas a responder como discípulo de Jesuscristo.

La Iglesia y la juventud

¿Qué tiene que ver la Confirmación con la Eucaristía? ¿Por qué este sacramento se celebra dentro de la liturgia de la misa?

La Eucaristía es el centro y la culminación de la vida católica. Ambos, Bautismo y Confirmación, los cuales están altamente relacionados, nos dirigen a la mesa del Señor. Es ahí donde somos alimentados por el Pan de Vida para vivir públicamente como testigos de Cristo. En la celebración de la Eucaristía, demostramos nuestro sí para ser confirmados en el Espíritu de Cristo. Llenos del Espíritu en la Confirmación nos comprometemos a ir a la Eucaristía a adorar con nuestra comunidad parroquial, a buscar el amor eucarístico y a amar a otros en nombre de Jesús.

Jesús nos pide ser sus manos, sus ojos, su voz, su corazón en el mundo. ¿Cómo le responderás?

How are these young people responding to the invitation to walk in the footsteps of Jesus?

The Church & YOUth

What does Confirmation have to do with the Eucharist? Why is this sacrament usually celebrated during the liturgy of the Mass?

The Eucharist is the center and the summit of Catholic life. Both Baptism and Confirmation, which are so closely related, lead us to the table of the Lord. It is here that we are nourished by the Bread of Life to live out our public witness to Jesus Christ. In celebrating the Eucharist, we demonstrate our *yes* to being confirmed in the Spirit of Christ. Filled with the Spirit in Confirmation we recommit ourselves to come to the Eucharist to worship with our parish community, and to go forth from the Eucharist to love and serve others in Jesus' name.

Jesus asks you now to be his hands, his eyes, his voice, his heart in the world. How will you answer him?

On these issues and others, such as sexism, ageism, consumerism, and environmental concerns, the leaders of our Church have helped us to see and to apply the teachings of Jesus Christ to the complicated problems that face us. This is how we are called to make a difference in our world.

Jesus has invited us to follow him, to walk in his footsteps, to complete his mission on earth. To do this we must reach out to others as he did with care, concern, healing and hope. This is a *way of life* for a confirmed Catholic.

Think of a serious moral issue that is prevalent in your world. It might be drug abuse, sexual promiscuity, alcoholism, stealing, or violence, for example. Describe it. How do you respond to it as a follower of Jesus Christ?

109

PEREGRINAJE

PUNTOS DE PARTIDA

¿Por qué la Eucaristía es llamada el "sacramento de sacramentos"?

POINTS OF DEPARTURE

Why is the Eucharist called "the sacrament of sacraments"?

SIMBOLOS

¿Qué significado tiene "la fracción del pan" en la Eucaristía?

Destino

Hablemos:
¿Cómo mostrarás en tu vida diaria que aceptas tu responsabilidad como católico confirmado?

SYMBOLS ON THE MAP

What is the significance of the "breaking of bread" in the Eucharist?

Destination Points

Let's discuss:
How will you show in your daily life that you have accepted your responsibility as a confirmed Catholic?

MAPPING THE JOURNEY

NOTAS

Reflexión

El mensaje es claro y preciso. Ser testigo de Cristo.

Mi Oración:

Espíritu Santo, los retos que enfrento para ser testigo son reales. los mayores son:

Espíritu Santo, gracias por

JOURNAL NOTES

Reflections

The message is loud and clear. Be a witness for Christ.

My Prayer:

Holy Spirit, the challenges I face to do this are real. The biggest ones for me are:

Holy Spirit, thank you for

Oración final

Acepta Señor, en tu bondad, esta ofrenda de tus siervos y de toda tu familia santa, por aquellos que, renacidos en el bautismo, han sido confirmados hoy por el don del Espíritu Santo; recíbela en tu bondad y conserva en tus hijos el don que les has dado. Por Cristo, nuestro Señor.
Amén.

Rito de Confirmación

closing Prayer

Loving Father,
you give your Son as food
to those you anoint with your Spirit.
Help them to fulfill your law
by living in freedom as your children.
May they live in holiness
and be your witnesses to the world.
Amen.

The Rite of Confirmation

Retiro

Tema El Espíritu Santo—Dador de Vida

El Espíritu Santo es llamado el *Dador de Vida*. Esto quiere decir que compartimos la vida divina por medio del poder del Espíritu Santo. Con frecuencia expresamos esta verdad al decir que somos templos del Espíritu Santo.

Introducción

Este día de retiro te servirá para recibir el Sacramento de la Confirmación. Un retiro es un tiempo especial de oración y reflexión. ¿Se te ha ocurrido alguna vez que Jesús también hizo un retiro? En los evangelios leemos que Jesús con frecuencia se retira a orar, algunas veces solo y otras con sus discípulos. La gente usualmente hace retiros antes de tomar una decisión o empezar una tarea importante.

Como todo en la vida, para tener éxito hay que hacer un esfuerzo. Por ejemplo, los atletas, los músicos, practican días tras días, horas tras horas, para ser buenos. Para tener éxito se requiere compromiso y esfuerzo constante. Algunas veces olvidamos que hay que trabajar duro para tener una buena vida. La Iglesia te invita a comprometerte a trabajar duro para ser testigo de Cristo hoy en el mundo. La Iglesia te necesita para que seas el mejor discípulo de Cristo que puedes llegar a ser.

He aquí dos preguntas claves que debes hacerte durante este retiro:

❖ ¿Cuál es el significado del sacramento de la Confirmación en mi vida de fe?

❖ ¿Cómo puede este sacramento ayudarme a tomar las decisiones correctas, escoger entre el mal y el bien, vivir mas consistentemente los valores del evangelio que Jesús nos enseña?

Oración en la Mañana

Canción de entrada

Guía: Oremos:

Todos: En el nombre del Padre, del Hijo, y del Espíritu Santo. Amén.

Oración

Todos: Ven Espíritu Santo, llena los corazones de tus fieles y enciende en ellos el fuego de tu amor.

Guía: Envía tu Espíritu y serán creados.

Todos: Y renovarás la faz de la tierra.

Guía: Oremos.

Todos: Señor, por la luz del Espíritu Santo, has enseñado a los corazones de los fieles. En ese mismo Espíritu ayúdanos a escoger lo que es correcto y a regocijarnos en tu consuelo. Te los pedimos por Cristo, nuestro Señor. Amén.

Lector: Lectura del Evangelio según San Juan, capítulo 14, versículos 15–31.

Todos: Demos gracias a Dios.

Reflexión: En esta lectura escuchamos las palabras: "La paz os dejo, mi paz os doy. No se turbe vuestro corazón ni tengan miedo".

Toma unos minutos y pregúntate: ¿estoy en paz conmigo mismo? ¿Hay algo que me causa ansiedad o temor? ¿Cómo puede el sacramento de la Confirmación ayudarme a vencer los temores y ansiedades?

Escribe en tu diario tus ideas y oraciones acerca de estas preguntas.

Guía: Vamos a rezar el Salmo 121.

Recen los versículos en forma alternada.

Lado 1: Dirijo la mirada hacia los cerros en busca de socorro.

Lado 2: Mi socorro viene del Señor que hizo el cielo y la tierra.

Lado 1: No deja que tu pie dé un paso en falso, no duerme tu guardián.

Lado 2: Jamás lo rinde el sueño o cabecea el guardián de Israel.

Lado 1: El Señor te custodia y te da sombra, está siempre a tu diestra.

Lado 2: Durante el día, el sol no te maltrata ni la luna de noche.

Lado 1: Te preserva el Señor de cualquier mal y protege tu vida.

Lado 2: El te cuida al salir y al regresar, ahora y para siempre.

Todos: El Señor guiará tus entradas y tus salidas ahora y siempre.

Todos: Gloria al Padre . . . .

Guía: Lectura del Evangelio según San Lucas, capítulo 11, versículo 1.
El rezaba en un lugar y cuando terminó uno de sus discípulos le dijo:

Todos: "Maestro, enséñanos a orar como Juan enseñó a sus discípulos".

Guía: Vamos a rezar el Padre Nuestro con las palabras que usamos en la misa:

Todos: Padre Nuestro . . . .

Reflexión

¿Has pedido alguna vez a Jesús que te enseñe a orar? Toma unos minutos ahora y piensa acerca de estas y todas las cosas por las que has rezado en el Padre Nuestro. En silencio ofrece tus propias oraciones a Dios Padre, por medio de Jesús, su Hijo, y en unidad con el Espíritu Santo.

Oración final

Todos: Dios, Padre nuestro deja que tu Espíritu venga a nosotros con poder para llenarnos con sus dones. Que el Espíritu haga nuestros corazones agradables a ti y dispuestos a hacer tu voluntad. Te lo pedimos por nuestro Señor Jesucristo, tu Hijo, quien reina contigo en unidad con el Espíritu Santo, Dios, por los siglos de los siglos. Amén.

Primera conferencia: Hechos de los Apóstoles 1:8

"Van a recibir una fuerza, la del Espíritu Santo, que vendrá sobre ustedes, y serán mis testigos en Jerusalén, en toda Judea y Samaria, y hasta los límites de la tierra".

Ritual y renovación de las promesas bautismales

Guía: Les invito ahora a renovar las promesas hechas al momento de su Bautismo.

Guía: ¿Renuncias a Satanás, a todas sus obras y todas sus seducciones?

Todos: Sí, renuncio.

Guía: ¿Crees en Dios, Padre todopoderoso creador del cielo y de la tierra?

Todos: Sí, creo.

Guía: ¿Crees en Jesucristo, su único Hijo, nuestro Señor, que nació de María Virgen, murió, fue sepultado, resucitó de entre los muertos y está sentado a la derecha del Padre?

Todos: Sí, creo.

Guía: ¿Crees en el Espíritu Santo, Señor y dador de vida, que hoy, por el sacramento de la Confirmación, se os da de manera excelente, como a los apóstoles en el día de Pentecostés?

Todos: Sí, creo.

Guía: ¿Crees en la santa Iglesia católica, en la comunión de los santos, en el perdón de los pecados, en la resurrección de los muertos y en la vida eterna?

Todos: Sí, creo.

Guía: Esta es nuestra fe. Esta es la fe de la Iglesia, que nos gloriamos de profesar en Cristo Jesús, Señor nuestro.

Todos: Amén.

Rito de Confirmación

Guía: Están a punto de recibir el don del Espíritu Santo en la Confirmación. Van a ser testigos ante el mundo y su forma de vivir siempre debe reflejar la bondad de Cristo. Por eso ahora les pregunto: ¿Perseverán en resistir al demonio y cuando pequen arrepentirse y volver a Cristo?

Todos: Sí, con la ayuda del Espíritu Santo.

Guía: ¿Proclamarán con palabras y obras de Dios en Cristo?

Todos: Sí, con la ayuda del Espíritu Santo.

Guía: ¿Servirán a Cristo en todo, amando al prójimo como a ustedes mismos?

Todos: Sí, con la ayuda del Espíritu Santo.

Guía: ¿Lucharán por la justicia, la paz, el respeto y la dignidad para todo ser humano?

Todos: Sí, con la ayuda del Espíritu Santo.

Oración final

Todos: Renueva en nosotros el poder de nuestro Bautismo y llénanos de celo por el evangelio. Fortalécenos para reconocer a Cristo y así, nosotros, que fuimos hechos a su imagen, podamos caminar hacia la salvación que empezó en nuestro Bautismo. Te lo pedimos por Cristo, nuestro Señor.

Actividad en pequeños grupos

Descanso

Oración

Todos: Ven Espíritu Santo . . . .

Segunda conferencia: Juan 14:26

"En adelante el Espíritu Santo, intérprete que el Padre les enviará en mi nombre, les va a enseñar todas las cosas y les recordará todas mis palabras". Juan 14:26

Ritual y testimonio

Oración

Todos: Ven Espíritu Santo . . . .

Tercera conferencia: Juan 16:12—13

"Tengo muchas cosas más que decirles, pero ustedes no pueden entenderlas ahora. Y cuando venga él, el Espíritu de la verdad, los introducirá a la verdad total".

Ritual servicio de Reconciliación

He aquí algunos problemas que enfrentan los jóvenes cuando tienen que tomar las decisiones correctas.

- Cedo a las presiones de mis amigos aun sabiendo que lo que voy a hacer está mal.

- Algunas veces me siento solo, rechazado, con miedo, sin esperanzas. Sé donde tengo que ir por ayuda pero quiero cogerlo suave.

- Sé que la violencia no es la solución, pero cuando me enojo olvido los derechos de los demás.

- Los actos siempre tienen consecuencias, pero algunas veces creo que puedo salirme con las mías.

- El abuso de las drogas, el alcohol y el sexo, son serios problemas hoy. Creo que puedo manejarlos solo.

¿Al examinar mi conciencia, encuentro que algunas de estas situaciones han sido ocasiones de pecado para mí?

Recordar mis promesas de bautismo es una forma de examinar mi conciencia. Ahora tendrás la oportunidad de recibir el sacramento de la Reconciliación— excelente preparación para celebrar la Confirmación.

Confesión

Guía: Terminemos nuestro retiro rezando:

Todos: Dios nuestro, que penetras el corazón y el pensamiento de los hombres y para quien ningún secreto permanece oculto, purifica los impulsos de nuestro corazón para que merezcamos amarte y alabarte perfectamente. Por nuestro Señor Jesuscristo.

Misa votiva del Espíritu Santo

Confirmation Retreat

Theme The Holy Spirit—Giver of Life

The Holy Spirit is called the Lord and *Giver of Life*. We call the Holy Spirit the Giver of Life because we share in the divine life through the power of the Holy Spirit. We often express this truth by saying that we are temples of the Holy Spirit.

Introduction

Today is a retreat day for you in preparation for receiving the sacrament of Confirmation. A retreat is a very special time for prayer and reflection. Did it ever occur to you that Jesus, too, made retreats? In the gospels we read that Jesus often went apart to pray, sometimes alone and other times with his disciples. People usually make retreats just before making a big decision or beginning a new endeavor.

As in all of life, it takes hard work to succeed. For example, athletes and musicians practice day in and day out, hour after hour, to become the best. It takes commitment and determined effort to achieve success. Sometimes we forget that it takes hard work to live a good life. The Church is inviting you to commit yourself to working hard at being a witness for Christ today in our world. The Church needs you to become your best self as a true follower of Christ.

Two key questions to ask yourself during this retreat are:

❖ What does the sacrament of Confirmation mean to me?

❖ How can this sacrament help me to make right choices, to choose good over evil, to live more consistently the gospel values that Jesus came to teach us?

Morning Praise

Opening Hymn

Leader: Let us pray together:

All: In the name of the Father, and of the Son, and of the Holy Spirit. Amen.

Gathering Prayer

All: Come Holy Spirit, fill the hearts of your faithful and kindle in them the fire of your love.

Leader: Send forth your Spirit and they shall be created

All: And you will renew the face of the earth.

Leader: Let us pray.

All: Lord, by the light of the Holy Spirit, you have taught the hearts of the faithful. In the same Spirit help us to relish what is right and always rejoice in your consolation. We ask this through Christ our Lord. Amen.

Reader: A reading from the Gospel of John, chapter 14, verses 15 to 31.

All: Thanks be to God.

Reflection: In this reading we heard the words: "Peace I leave with you; my peace I give to you. Do not let your hearts be troubled or afraid."

Take a few minutes and ask yourself: Am I at peace with myself? Are there some things that cause me to be anxious or afraid? How can the sacrament of Confirmation help me to be at peace and to overcome my fears and anxieties?

Journal your thoughts and prayers about these questions.

Leader: Let us pray together Psalm 121.
Pray the verses antiphonally (alternate sides).

Side 1: I raise my eyes toward the mountains. From where will my help come?

Side 2: My help comes from the LORD, the maker of heaven and earth.

Side 1: God will not allow your foot to slip; your guardian does not sleep.

Side 2: Truly, the guardian of Israel never slumbers nor sleeps.

Side 1: The LORD is your guardian; the LORD is your shade at your right hand.

Side 2: By day the sun cannot harm you, nor the moon by night.

Side 1: The LORD will guard you from all evil, will always guard your life.

All: The LORD will guard your coming and going both now and forever.

All: Glory be to the Father . . . .

Leader: A reading from the Gospel of Luke, chapter 11, verse 1.

He was praying in a certain place, and when he had finished, one of his disciples said to him,

All: "Lord, teach us to pray just as John taught his disciples."

Leader: Let us pray the Our Father in the words we use at Mass:

All: Our Father . . . .

Reflection

Have you ever asked Jesus to teach you to pray?
Take a few minutes now and think about this and all the things you prayed for in the Our Father. Quietly offer your own prayer to God the Father, through Jesus, his Son, in the unity of the Holy Spirit.

Closing Prayer

All: God, our Father, let your Spirit come upon us with power to fill us with his gifts. May the Spirit make our hearts pleasing to you and ready to do your will. We ask this through our Lord Jesus Christ, your Son, who lives and reigns with you and the Holy Spirit, one God, for ever and ever. Amen.

First Conference: Acts 1:8

"You will receive power when the holy Spirit comes upon you, and you will be my witnesses in Jerusalem, throughout Judea and Samaria, and to the ends of the earth."

Ritual and Renewal of Baptismal Promises

Leader: I invite you now to renew the promises of Baptism that were made for you at the time of your Baptism.

Leader: Do you reject Satan and all his works and all his empty promises?

All: I do.

Leader: Do you believe in God the Father almighty, creator of heaven and earth?

All: I do.

Leader: Do you believe in Jesus Christ, his only Son, our Lord, who was born of the Virgin Mary, was crucified, died, and was buried, rose from the dead, and is now seated at the right hand of the Father?

All: I do.

Leader: Do you believe in the Holy Spirit, the Lord, the giver of life, who came upon the apostles at Pentecost?

All: I do.

Leader: Do you believe in the holy catholic Church, the communion of saints, the forgiveness of sins, the resurrection of the body, and life everlasting?

All: I do.

Leader: This is our faith. This is the faith of the Church. We are proud to profess it in Christ Jesus our Lord.

All: Amen.

Rite of Confirmation

Leader: You are about to receive the Gift of the Holy Spirit in Confirmation. You are to be witnesses before all the world and your way of life should at all times reflect the goodness of Christ. And so I ask you now:

Leader: Will you persevere in resisting evil, and whenever you fall into sin, repent and return to the Lord?

All: I will, with the help of the Holy Spirit.

Leader: Will you proclaim by word and example the good news of God in Christ?

All: I will, with the help of the Holy Spirit.

Leader: Will you seek and serve Christ in all persons, loving your neighbor as yourself?

All: I will, with the help of the Holy Spirit.

Leader: Will you strive for justice and peace among all people, and respect the dignity of every human being?

All: I will, with the help of the Holy Spirit.

Closing Prayer

All: Renew within us the power of our Baptism and fill us with zeal for your gospel. Strengthen us to acknowledge Christ, so that we who are born in his likeness may journey on the path of salvation begun in our Baptism. We ask this through Christ our Lord. Amen.

Small-group activity

Break

Gathering Prayer

All: Come Holy Spirit . . . .

Second Conference: John 14:26

"The Advocate, the holy Spirit that the Father will send in my name—he will teach you everything and remind you of all that [I] told you."

Ritual and Witness to Christ

Gathering Prayer

All: Come Holy Spirit . . . .

Third Conference: John 16:12—13

"I have much more to tell you, but you cannot bear it now. But when he comes, the Spirit of truth, he will guide you to all truth."

Ritual and Penance Service

Here are some problems that young people struggle with when it comes to making right choices:

- I give in easily to peer pressure even when I know what is being done is wrong.

- Sometimes I feel lonely, rejected, scared, hopeless. I know the right place to go for help, but I like to take the easy way out.

- I know violence is never the answer, but I get angry easily and I forget the rights of others.

- Actions always have consequences, but I sometimes think I can beat the odds.

- Abuse of alcohol, drugs and sex is a serious problem today. I think I can handle it.

When I examine my conscience, have any of these situations been occasions of sin for me?

Recalling my baptismal promises is a good way for me to examine my conscience.

Now you will have the opportunity to receive the sacrament of reconciliation—an excellent preparation for the celebration of Confirmation

Celebration of the Sacrament of Reconciliation

Leader: Let us bring our retreat to a close by praying together:

All: God our Father, no secret is hidden from you, for every heart is open to you and every wish is known. Fill our hearts with the light of your Holy Spirit to free our thoughts from sin, that we may perfectly love you and fittingly praise you.

Grant this through our Lord Jesus Christ, your Son, who lives and reigns with you and the Holy Spirit, one God, for ever and ever.

Votive Mass of the Holy Spirit

LLAMADO
POR TU NOMBRE

No temas, porque yo te he rescatado; te he llamado por tu nombre, tú me perteneces.
Isaías 43:1

Estas son poderosas palabras de Dios a través del profeta Isaías. Nos hablan de un Dios que nos conoce tan personal y profundamente que nos llama por nuestro nombre.

Al inicio del rito del Bautismo el celebrante preguntó a tus padres: "¿Qué nombre habéis dado a vuestro hijo (vuestra hija)?" Tus padres dijeron tu nombre. Desde ese momento o durante el rito fuiste llamado por ese nombre.

Los padres son exhortados a dar a los niños nombres de santos (por lo menos uno de los nombres). ¿Por qué crees que la Iglesia hace esa sugerencia? Para que tengas un amigo especial en el cielo y para que te guíe durante toda la vida.

En el rito de la Confirmación nuevamente eres llamado por tu nombre. La Iglesia sugiere que uses el nombre del santo que se te fue dado durante el Bautismo como nombre de confirmación para poner énfasis en la fuerte conexión entre los dos sacramentos. Si tu nombre de bautismo no es el de un santo puedes escoger uno para la Confirmación.

En el momento en que el sacramento de la Confirmación es conferido, el obispo va a cada persona. Tu padrino pone su mano derecha sobre tu hombro y da tu nombre al obispo. El obispo moja su pulgar en el crisma y hace la señal de la cruz en tu frente diciendo: "*(tu nombre)* recibe por esta señal el don del Espíritu Santo".

Decidiendo

Ya sea que uses tu nombre de bautismo o uno nuevo, es importante saber lo más que puedas acerca de tu santo patrón. Después de todo, estás pidiendo a ese santo ser tu amigo y defensor por el resto de tu vida.

Hay muchas fuentes de información disponibles sobre los santos. Tu catequista puede informarte. La biblioteca de la parroquia puede tener libros que pueden ayudarte. El Internet puede ser otra fuente. Finalmente, habla con algunos adultos para pedir su opinión. No escojas un nombre porque suena bonito o porque es popular. Toma tu tiempo y reza.

Algunos nombres que estoy considerando:

Nombre escogido

_____

Razones

_____